中国式现代化进程中的
江西
经济社会发展

怎么看？怎么干？

李春根 等著

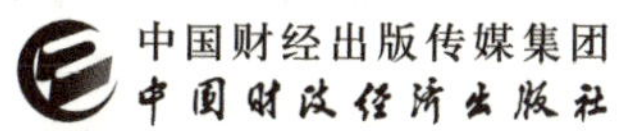

·北 京·

图书在版编目（CIP）数据

中国式现代化进程中的江西经济社会发展：怎么看？怎么干？/ 李春根等著 . -- 北京：中国财政经济出版社，2025. 4. -- ISBN 978-7-5223-3909-2

Ⅰ. F127.56

中国国家版本馆 CIP 数据核字第 202566Y5N0 号

责任编辑：闫　娟　　　　责任校对：胡永立
封面设计：陈宇琰　　　　责任印制：史大鹏

中国式现代化进程中的江西经济社会发展
ZHONGGUOSHI XIANDAIHUA JINCHENGZHONG DE JIANGXI JINGJI SHEHUI FAZHAN

中国财政经济出版社 出版

URL：http：//www.cfeph.cn
E-mail：cfeph@cfemg.cn

社址：北京市海淀区阜成路甲 28 号　邮政编码：100142
营销中心电话：010-88191522
天猫网店：中国财政经济出版社旗舰店
网址：https：//zgczjjcbs.tmall.com
涿州汇美亿浓印刷有限公司印刷　各地新华书店经销
成品尺寸：170mm × 240mm　16 开　15.25 印张　171 000 字
2025 年 4 月第 1 版　2025 年 4 月河北第 1 次印刷
定价：68.00 元
ISBN 978-7-5223-3909-2
（图书出现印装问题，本社负责调换，电话：010-88190548）
本社质量投诉电话：010-88190744
打击盗版举报热线：010-88191661　QQ：2242791300

本书获得研究阐释党的十九大精神国家社科基金重大专项课题《全面建成小康社会的进度监测与政策优化研究》（项目编号：18VSJ016）、教育部哲学社会科学研究专项（党的二十大精神研究）《中国式现代化的历史逻辑、理论逻辑、实践逻辑研究》（项目批准号：23JD20027）、江西省社科基金“研究阐释党的十九届六中全会精神”重点专项课题《全面建设社会主义现代化国家江西篇章的时代意蕴与实现路径研究》（项目编号：22ZXQH06）的资助。

目　录

江西省企业职工养老保险扩面征缴的症结与出路 *

李春根　夏珺

目前，江西省已实现了基本养老保险制度的全覆盖，然而制度全覆盖并不意味着人群全覆盖。从参保率来看，企业职工参保积极性问题突出，一些企业及职工均未能积极主动履行养老保险缴纳义务，“老有所养”有可能会落空。的确，企业职工养老保险是实现养老保险扩面征缴的突破口，是养老保险征缴重点和难点，应予以高度重视。

一、江西省企业职工基本养老保险扩面征缴情况

截至2015年底，江西省企业职工基本养老保险参保人数为823.1万人，较上年底增加39.21万人，增长5%，其中：参保职工人数为587.86万人，较上年底增长4.45%，实际新增扩面参保

* 本报告获得时任江西省人民政府常务副省长毛伟明重要批示；本报告刊发于江西全面建成小康社会决策参考（2016年）。

职工 26.16 万人；离退休人员 235.24 万人，较上年底增长 6.41%。参保职工缴费人数为 517.72 万人，较上年底增长 3.98%。缴费人数占参保职工人数的比例为 88.07%。近五年，我省企业职工基本养老保险参保人数平均每年增长为 6.26%（见图 1）。

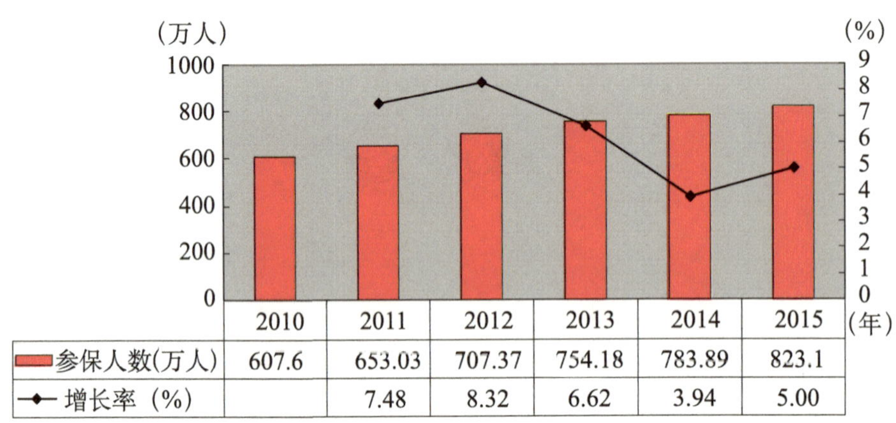

	2010	2011	2012	2013	2014	2015
参保人数(万人)	607.6	653.03	707.37	754.18	783.89	823.1
增长率（%）		7.48	8.32	6.62	3.94	5.00

图 1　2011—2015 年江西省企业职工基本养老保险参保人数增长趋势

此外，离退休人数增长快于参保职工人数增长，抚养比越来越高。近五年，全省企业职工离退休人数平均每年增长 10.08%，参保职工人数平均每年增长 6.26%，前者比后者快 3.82 个百分点。抚养比由 2011 年的 2.9：1 提高到 2015 年的 2.5：1。

在经济下行、人口老龄化背景下，支付需求不断增长的同时养老保险基金收入面临征缴压力。省人力资源和社会保障厅数据显示，全省工业园参保率仅为 31%，个别地方甚至不到 5%，南昌市工业园企业参保率也多年徘徊于 35%。可以认为参保率较低，这与养老保险由制度全覆盖向人群全覆盖的全民参保计划不相适应，工业园区应成为下一步企业职工养老保险扩面征缴的突破口、难点和盲区。

二、江西省企业职工基本养老保险扩面征缴的四大症结

我省企业尤其是工业园区企业职工基本养老保险参保率如此之低的症结究竟何在？归根到底是四大矛盾冲突使然。

（一）经济下行压力与扩面征缴相矛盾

我国经济进入新常态后，经济增长动力与经济下行压力并存。经济增速下降，工业企业经营压力增大。在经济下行压力、经营状况不乐观的情况下，一些园区部分企业开工不足，甚至连员工工资都拖欠，更无力缴纳养老保险。在专题调研座谈会上，有专家提到上饶市一家劳动密集型的户外用品企业的情况，企业用工规模 700 多人，除去生产成本，年利润 200 万元左右，要求给企业员工缴纳社保费是相当困难的。当地政府如果因为其未缴纳社保费而强制关闭该企业，那么 700 多名员工将面临转岗就业问题。对企业而言，利润是永恒话题。追求利润最大化、成本最小化是王道，生存更是硬道理。在经济下行压力背景下，养老保险扩面征缴空间存在缩小可能。

（二）高费率与高参保率相矛盾

养老保险是五险中缴费率最高的险种。我省 2016 年 5 月 1 日起两年内执行企业职工基本养老保险单位缴费比例由 20% 降低

至19%，可以为我省企业减负超过500亿元。即便如此，与浙江、广东等省相比，我省企业要承担的缴费负担总体上是偏重的。为了减少自身的成本消耗，一些企业不按规定缴纳养老保险。在走访多家企业时发现，即使被认为养老保险缴纳工作做得较好的外资企业同样存在未按规定缴纳的情况，如未按实际工资而是按照我省社平工资的60%进行缴纳，或是企业上下无论收入高低缴纳同样的养老保险，或仅针对企业骨干缴纳。此外，还存在不少为了减少开支不主动缴纳养老保险的企业，这些都会导致我省企业职工养老保险参保率低。

（三）政府招商引资与征缴执法相矛盾

发展经济是地方政府的第一要务，是政府工作的重中之重。养老保险基金征缴最小化能使地方政府在招商引资上享有巨大的优势，一些开发区和工业园区为了引进企业落户，地方“特殊政策”保护着落户园区企业的不积极参保行为，一切为地方经济发展让步。此外，养老保险扩面征缴工作需要政府部门间联动，尤其是征缴执法，当征缴执法与地方政府招商引资政策影响相冲突就给扩面征缴带来困难。

（四）职工短期行为与养老保险长期共济特征相矛盾

从职工个人角度看，为了既得利益，在处理眼前利益与长远利益上存有偏差。因为看不到未来养老受益情况，无法准确预估将来到底能拿到多少养老金，所以与其买个未来不确定性，还不如多领些工资在手上更实在，员工“重工资轻保险”就不愿参保。企业与职工个人一拍即合，降低了用工成本又增加了员工工资。实则这种做法不光是违法的短视行为，还为将来保护自身利益埋下诸多隐患。究其原因，是对最低缴费 15 年年限的误读，大多数人普遍认为只要缴纳 15 年就可以领取养老金，可以等到 45 岁那年开始缴纳养老保险。45 岁之前不参保，拿到更多工资可以让自身生活更为富足或用于别的投资。这些短期行为与养老保险长期缴存及共济特征相冲突，养老保险强调互助共济性，是公民的一项法定义务。

三、我省企业职工基本养老保险扩面征缴的出路

（一）开启政策“工具箱”，切实降低企业运营成本

两年内切实落实我省企业职工基本养老保险单位缴费比例由 20% 降到 19%，同时，打开政策“工具箱”，把江西省 80 条降低企业成本、优化发展环境的政策宣传、贯彻落实到位，使企业最大限度地享受政策红利，帮助企业降低经营成本。相较之浙江、广东等省养老保险单位缴费比例，我省企业职工养老保险缴费比例偏高，企业缴费负担较重。在无法大幅降低缴费比例的情况下，设法降低企业其他方面的运营成本有助于企业缴纳基本养老保险积极性的提高，从而扩大我省企业职工养老保险扩面征缴的空间。

（二）实现“全民参保登记计划”，明确扩面征缴方向

“全民参保登记计划”最终目标是实现全民参保，并结合社保卡信息库建立起信息容量大、内容完整准确的参保人群全面登记信息管理系统，掌握最全、最准、最新的数据信息。通过全省范围“全面参保登记计划”，可以摸清我省用人单位和个人社保的参保情况，建立全面、完整、准确的社保业务基础数据库，形成每个人唯一的社保标示，了解一些人不愿、不便参保的原因，这为我省企业职工养老保险扩面征缴工作指明努力方向，可以少走弯路、少试错。

（三）认识养老保险“互助共济”本质，履行好公民法定义务

加大宣传，提高企业与员工参保意识，明确互助共济本质，将缴纳养老保险费真正视为自身不可推卸的职责、义务。企业与个人不能为了追求眼前自身利益最大化而不履行缴费义务，始终贯彻“人人为我”“我为人人”的社会保险初衷。像我省一些外资企业那样，真正将社会保险费纳入企业用工成本，无论企业处于何种发展生命周期阶段都应首先重视保障员工利益，“以人为本”。企业与个人均不可抱有任何侥幸心理，否则都可能给将来带来不必要的麻烦，出现企业社保纠纷频发现象。此外，辅以政府相关部门联动，尤其在缴费执法上推进参保企业和个人按规定申报、续保缴费，奠定养老保险扩面征缴基础。

（四）加大扩面征缴考核占比，重视工作认真落实

在政府工作绩效考核中，加大养老保险扩面征缴工作评价指标占比，并细化到扩面新增人数、新增人员缴费率和扩面新增缴费额等三项指标的考核。有利于强化对养老保险扩面征缴工作的考核，明确奖惩办法，严格兑现奖惩。实行目标管理，根据我省各地实际情况，向各级政府下达企业职工养老保险扩面征缴工作目标。既明确目标，又要求相关部门签署扩面征缴工作责任状，将责任状层层分解，任务落实到位，责任落实到人，一年一兑现，一年一考核。提高该项内容在政绩考核中的计分比例，既有利于体现政府在企业职工养老保险扩面征缴工作中的成绩，又有利于企业职工养老保险扩面征缴工作的落实。

（五）增强征缴执法强度，清算招商引资产生的亏空

一方面，执法部门应通过法律知识的宣讲教育等，加强企业依法参与养老保险的意识，让企业单位与个人能够自觉缴纳养老保险；另一方面，各部门应做好缴费的清欠执法整理工作。对于超过 6 个月拖欠养老保险费用的企业或者以各种理由拒绝缴纳养老保险的企业，依法进行资产处置和劳动监察，加大对企业违法行为的检查执法力度，必要时向法院进行申请予以强制执行。对于往年由于招商引资带来的未足额缴纳的问题，相应的亏空须由政府负责采取必要保障手段予以“补足”。较好解决历史遗留问题，既利于普通职工最终利益，又为扩面征缴工作做足相应的准备。

总之，缴纳养老保险是为了让广大劳动人群老有所养，促进社会和谐稳定发展，扩面征缴是全社会的义务。企业养老保险扩面征缴工作是国家重视民生的重要体现，扩面工作涉及政府、企业、职工三方利益，各自扮演重要角色，养老保险扩面征缴，实现应保尽保、应缴尽缴，离不开政府行之有效地督促以及企业与职工缴纳义务不折不扣地履行。

供给侧结构性改革下江西职业技能培训发展的再审视*

李春根　陈文美

习近平总书记在我省视察指导工作时，要求我省要着力推进供给侧结构性改革，为江西在新常态下抓好供给侧结构性改革指明了方向和路径。我省作为承载着优化区域经济结构的重要省份，在供给侧结构性改革中应大有作为，其中人才因素是关键。我省的职业技能培训要主动顺应供给侧结构性改革的现实需求，为产业结构转型升级、新型产业发展提供高技能人才与创新创业人才，为特定群体再就业做好技能培训，成为贯彻落实共建共享发展理念的重要手段。

* 本报告获得时任中共江西省委书记鹿心社重要批示；本报告刊发于江财智库专报（2017 年）。

一、供给侧结构性改革下全省职业技能培训机遇挑战并存

（一）机遇接二连三

第一，国家高度重视，为职业技能培训提供制度保障。近年来，国家高度重视职业技能培训制度的顶层设计，出台了《国务院关于加强职业培训促进就业的意见》《国家高技能人才振兴计划实施方案》等一系列政策措施，支持配套职业技能培训发展。在此背景下，我省结合实际，制定了《江西省人民政府关于进一步做好新形势下就业创业工作的实施意见》（赣府发〔2015〕51号）等高度契合供给侧结构性改革现实需要的政策文件，构建了覆盖弱势群体、岗位技能提升、高级技能人才等低、中、高层次的职业技能培训体系，为我省职业技能培训发展奠定坚实制度基础。

第二，财政持续稳定投入，为职业技能培训提供经费保障。“十二五”以来，中央财政对我省职业技能培训提供大量的资金支持，培训数量规模稳中有升（见图 1）。其中，2011 年财政投入 3.62 亿元、享受职业技能补贴人数 98.77 万人，两者均达到最高，其余年份政府职业技能培训财政资金投入基本上与全国总支出平均水平持平，享受职业技能补贴人数规模每年超过 60 万人次。这在欠发达地区，无论是资金规模还是享受补贴人数，均获得中央财政的重点支持。

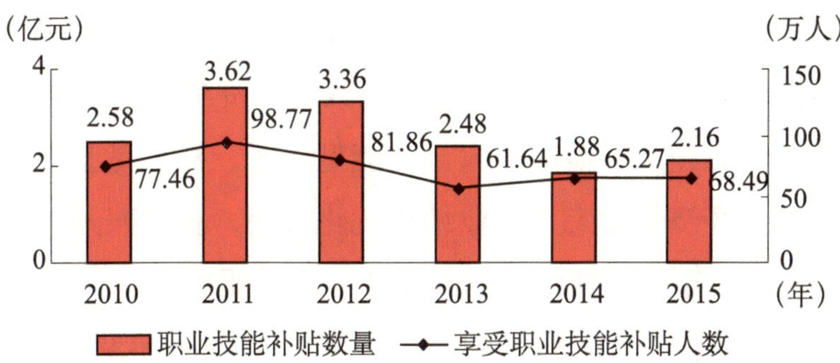

图 1　2010—2015 年江西省职业技能培训支出及人数情况

数据来源：根据财政部社保司就业处的数据整理。

第三，供给侧结构性改革的现实需要，为职业技能培训提供了内需保障。在经济结构调整和产业转型升级环境下，一方面，我省部分产业供过于求矛盾日益凸显，传统制造业，特别是煤炭、钢铁、水泥等高耗能产业产能过剩，去产能将会使这些高耗能、高污染的行业产生大量富余劳动力和失业人员；另一方面，新技术、新业态、新商业模式将大量涌现，对人才的需求特别是对高技能人才的需求日趋旺盛，两方面均为职业技能培训创造有利空间。

（二）挑战前所未有

第一，新一轮大量农村劳动力转移回流，加重职业技能培训负担。受发达地区产业结构调整及省内就业环境持续改善影响，大量的外出务工人员就地就近就业意向增长。统计数据显示，2013 年江西籍农民工总量达 1016.7 万人，比去年增长 2%。其中：全省外出农民工 744.6 万人，如今陆续回到本省就业，2016 年回流人数较去年增加 21.4 万人，增幅高达 11.8%，加上这些产业工人学历较低，掌握技术较为单一，很难适应产业转型后新兴产业的技术需要，势必加剧就业压力和导致培训资源紧张。

第二，新经济发展所需大量技能型人才，极大考验职业技能培训能力。经济新常态，产业结构优化升级，企业兼并重组等必然带来劳动力市场供需结构的新变化，高端服务业、“互联网 +”、新技术的比例将不断提高。仅 2013 年、2014 年涉及的新材料、新医药、“互联网 +” 等人才需求就达到 120.75 万人、130.38 万人，需求增幅达 7.9%。随着供给侧结构性改革的不断深入，新型高技能人才需求倍增，对以供给低成本劳动力培训为主的我省职业技能培训提出了巨大挑战。

第三，财政收入增长回落，造成职业技能培训资金压力。我省的职业技能培训主要以中央财政为主地方补贴为辅。在面对供给侧结构性改革带来的培训任务加大的情况下，地方政府必然会加大职业技能培训支出的力度。但是随着 GDP 增速 L 型不断见底，财政收入增幅不断回落，2016 年，我省财政总收入 3143 亿元，增长 4%；一般公共预算收入 2151.4 亿元，下降 0.7%（未考虑“营改增”减税因素），要充足合理安排职业技能培训专项资金确实存在困难。

二、供给侧结构性改革下我省职业技能培训的突出问题

（一）培训层次结构不合理，培训对象扫描不精准

第一，五类人员的低层次培训不够精准。相对而言，五类人

员属社会就业困难群体，职业技能培训的基本目标是确保有培训意愿的该群体“应培尽培”。结合我省2016年各地区工业园区职业技能培训情况看（见图2），针对五类人员培训的精准度最高为新余市（90.95%），最低为景德镇市（76.18%），出现不同程度“错位”和“不到位”的情况。

第二，岗位技能提升的中间层次培训存在泛化、形式化。2016年1—10月我省参加职业技能培训的49.40万人中，针对岗位技能培训达30.48万人，占到总培训人数的61.7%，大规模的岗位技能提升存在泛化和形式化问题，也挤占政府有限的培训资源。

第三，高层次的人才培训严重不足。2015年，全国1554万人取得不同等级职业资格证书（见图3），其中，取得技师、高级技师职业资格的有62.32万人，仅占4.01%；而我省技师、高级技师人才更是短缺，技师占比1.79%，高级技师占比仅为0.31%，均远低于全国平均水平，严重制约我省供给侧结构性改革过程中经济社会的发展，加大高层次高级技能人才投入培养力度至关重要。

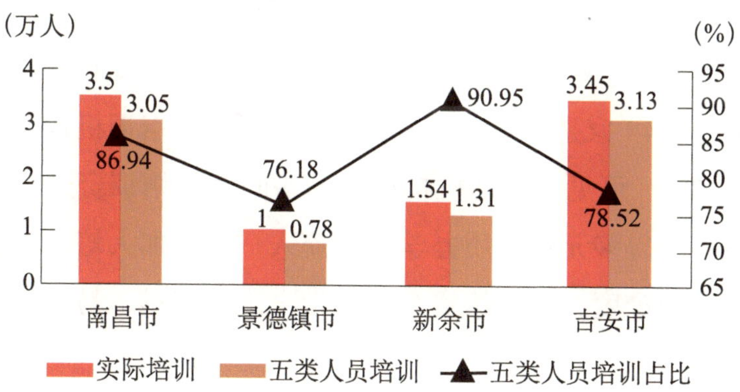

图2　2016年江西省部分地区五类人员培训情况

数据来源：根据江西省就业局数据整理。

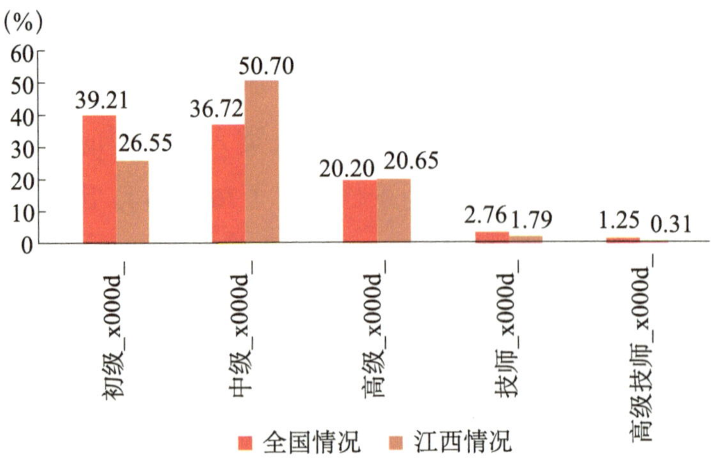

图 3 2015 年获取各类证书比重情况

数据来源：根据江西省就业局数据整理。

（二）培训机构认定存在垄断，阻碍社会力量等多元化办学资源进入

培训机构认定准入应该坚持“公开、自愿、择优”原则，通过公开招投标并向社会公示。目前，我省的职业技能培训主要由各级政府的公办机构承担，2016 年全省定点培训机构 164 家，160 家属于公办机构，其中，116 家属于就业局属下的劳动就业培训中心、44 家是职业院校和高校、4 家民办培训机构，仅占总数的 2.43%。可见，培训机构认定的垄断使得培训资金在政府内部循环，阻碍多元化优质办学资源流入，不仅加大培训机构进出的动态管理难度，还会给资金监管带来诸多困难，易滋生违法违纪事件。

（三）职业技能培训效果不佳，培训质量有待进一步提高

第一，培训效果不佳。职业技能培训并未得到用人单位和培训对象的青睐，根本的原因在于培训效果不佳（见表 1）。我省 2011—2015 年职业技能培训中，各层次证书获得率偏低，高级、技师、高级技师资格证书通过率加起来仅占到 20% 左右，其中，技师不到 2%，高级技师多处在 0.2% 以下，再加上那些参与培训而未参加鉴定的农民工等庞大群体，资格证书通过率更低，培训效果确实令人担忧。

表 1　2011—2015 年江西省各类级别资格证书获取率情况

单位：人、%

年份	参加鉴定考核人数	初级占比	中级占比	高级占比	技师占比	高级技师占比
2011	356464	27.01	44.43	8.77	1.09	0.44
2012	374019	21.27	56.83	7.99	0.86	0.09
2013	240525	33.27	49.85	11.77	1.65	0.14
2014	236562	27.86	40.28	26.90	1.50	0.15
2015	309519	25.47	48.65	19.82	1.72	0.29

数据来源：根据 2012—2016 年《中国劳动统计年鉴》数据整理。

第二，培训实现就业率仍需提高。实现就业是反映培训效果的一个重要指标。11 个地区中，2016 年培训就业率达 90% 以上的仅有 5 个地区、达 80%—90% 的有 4 个地区、达 70%—80% 的有 1 个地区，培训就业率不到 50% 的有 1 个地区。就平均来讲，

全省的培训就业率为86.03%（见图4）。需要指出的是，该就业率包含了工业园区的新员工入职培训、岗位技能培训，而真正体现在五类人员的培训实现就业率上，情况更不乐观。

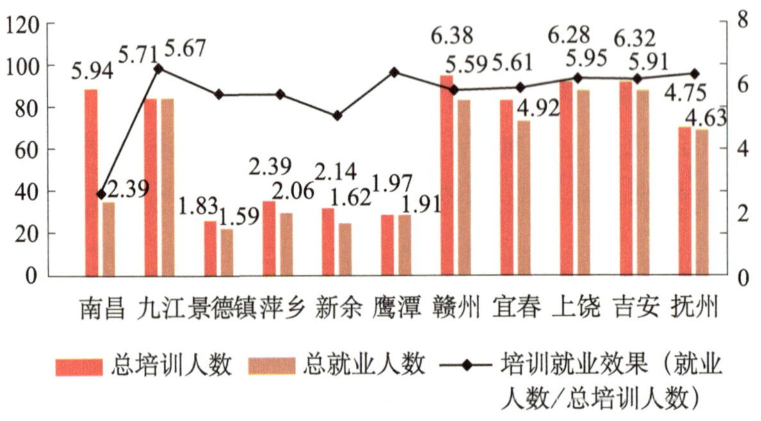

图4　2016年江西省通过培训实现就业的情况

数据来源：根据江西省就业局数据整理。

（四）相关部门协调与合作不够，培训资源整合效应偏低

第一，部门间信息不对称，缺乏对培训资源的有效整合。目前，我省各类职业技能培训分散在人社、教育、农牧、科技、工会、妇联和职业培训学校等部门，各部门间基本属于条块分割，缺乏必要的沟通、协调和衔接，培训资源处于分散化、碎片化状态，不可避免会造成专业设置盲目重复及重复培训，引发培训资源过度与不足。

第二，政府、培训机构与企业间未形成良好的合作关系。政府出面统筹协调校企合作、联合办学、制定人才规划的作用缺位，较少出台校企合作、工学结合、顶岗实习的政策法规，致使校企合作缺乏政策支持。双方的合作多处于短期、不规范、人脉维系的低层次的合作，很难实现双方在专业设置、课程开发、实训基地建设、技术研发等深层次的合作。

（五）职业技能培训资金使用不规范，监管不到位

第一，培训对象组织和培训券发放管理存在漏洞。培训对象所留的联系电话有的是社区或企业的电话；一些电话回访中存在已享受补贴的培训对象有未领取过培训券的现象；在一些社区中存在由社区统一组织打印培训券，同批持券人员集体培训等不规范，甚至违规现象。

第二，补贴方式不尽合理。按培训补贴资金核拨要求，培训补贴实行直补个人、企业、培训机构相结合的方式。然而，我省的资金补贴却主要以补贴培训机构为主，将一些应补个人的资金补给了培训机构，不合理的补贴方式易引发骗补行为。

第三，职业培训补贴资金使用监管不规范。2016 年我省培训结余资金较大，占当年拨付资金的 22%；个别单位出现资金使用挪用、乱用等违规现象；在监管力度上，人社部门内部的不定期检查和监督未形成常态，财政、审计部门未做到一年一审，未开展第三方资金使用绩效评估，资金使用的效益无法确保，加大了资金违规使用的风险。

三、供给侧结构性改革下我省职业技能培训发展问题的破解之策

（一）合理分配不同层次的培训资源，提高培训对象扫描精准度

第一，加强对个人的直补。针对五类人员的补贴要高度精准，通过扶贫移民部门建档立卡、学校学生信息系统定位、城市就业服务站等相关单位搜寻、城镇登记扫描等五类人员，在充分了解其就业及培训意愿的前提下，合理安排培训，并适当提高补贴标准和伙食补贴。针对高技能人才补贴，要建立政府资助计划，加大取得高级工（三级）以上职业资格证书的个人直接补贴力度。

第二，优化企业的培训补贴。严格把关企业岗前及技能提升培训，明确专人负责岗前培训的组织管理工作，可采取现场抽查、远程视频等方式，加强对培训情况进行监督检查，防止企业走过场和弄虚作假骗取培训补贴。加强对企业的直补力度，鼓励企业创新多种方式开展高技能人才培训，全面铺开技能提升培训、新型学徒制。

第三，严格限制对培训机构的补贴。对培训机构的补贴要严格限制在政府协议项目、定向培训、培训券试点项目，要严格按照所签订的协议要求，实行优质优价，只有高质量完成培训任务方可获得补贴。对于培训券试点项目，应重点面向战略性新兴产业、现代服务业和传统优势产业中合法经营的企业发放。

（二）打破职业技能培训政府垄断，建立多元化办学机制

严格按培训机构认定准入原则，打破培训机构办学垄断性，采取以民办职业培训机构为主体的市场化提供方式，逐步形成政府补贴为引导、市场投入为主体、社会广泛参与的多元化办学机制。政府可通过税收优惠、信贷支持、简化审批程序等形式鼓励包括非营利性在内的社会资本投资兴办职业技能培训，在实训基地设施、土地使用、水电配套等方面依法享受与公办机构同等政策。在此基础上，建议有条件的地方不断实现公办培训机构逐步退出，采取市场提供、政府购买培训成果的形式鼓励民办职业培训机构扩大办学规模，提升办学水准。

（三）完善培训内容设计，提高培训质量

第一，把握供给侧结构性改革导向。随着供给侧结构性改革下产业的转型升级，制造业快速升级，培训内容设计要突出创新型技术技能人才培养目标定位，提高专业设置的对口性，在电力装备、新材料、生物医药等十大领域重点突破。

第二，把握培训对象的现实需求。目前我省应着重推进对五类人员关于装备制造、建筑业、物流等先进制造业和现代服务业领域的技能培训，促进有条件的农民工掌握新技术适应新要求；积极推进护工、养老护理、家政服务等本地经济社会发展必需的生活服务业领域农民工技能培训，提高外来从业人员的服务技能。

（四）高度整合各方资源，实现培训资源 1+1＞2 效应

第一，培训资源的管理高度整合。针对职业技能培训多头投入、多部门管理导致的资金使用分散、整合效应偏低的问题，建议由人社部门牵头，统一归口或报备人社部门，由人社部门统一报送财政部门，对职业技能培训资金进行有效统筹整合。

第二，深化职业院校校企合作。依托骨干院校，从企业一线选拔优秀技能人才，以校企合作制方式开展非全日制技师培养工作，实现校企之间的资源共享、优势互补，大力开展“订单培养”“联合共建”等培养模式，实现培训与企业用工间的无缝对接。

第三，建立职业培训机构立体通道。逐步打通技工学校、高级技工学校、技师学院、应用型大学的学历发展通道，并依托职业院校打造一批职业培训骨干基地、职业训练基地。

（五）建立健全职业技能培训资金的绩效评价与监管机制

第一，开展培训资金使用的绩效评价。针对培训经费不足、效果不佳、资金使用效率偏低等一系列问题，建议由财政部门组成的绩效评价组对职业技能培训资金的使用进行绩效评价，有条件的地方逐步开展第三方绩效评价。评价内容主要涉及培训机构的办学条件、办学水平、依法办学和诚信体系建设等情况，并将学员取得各种职业技能资格证书的比例、等级、合格率、培训后就业（创业）率以及学员满意度纳入考核指标，在此基础上建立

以绩效为导向的补贴机制，按绩效评价结果调整对培训机构的补贴。

第二，加强补贴资金过程管理。按专款专用，不改变培训资金用途的原则要求，我省财政部门、人社部门要加强补贴资金管理使用的监督检查，及时发现和纠正问题，配合审计、监察部门做好监督检查工作。重点监察改变资金用途、培训券发放、使用和管理违规、利用虚假材料信息骗取补贴等行为。同时，加强对企业岗位技能提升培训、高技能人才、新型企业学徒等企业自主培训补贴的监管，严防企业为获取补贴资金而虚假培训或培训形式化。

新时期实现兴赣富民战略的关键环节研究*

李春根　李胜

兴赣富民战略是省委适应新形势，围绕决胜全面建成小康社会、建设富裕美丽幸福江西奋斗目标，对江西发展提出的新要求，是省委在深入学习贯彻习近平总书记系列重要讲话精神和治国理政思想和战略基础上，响应、推进中央政策落实，不断提高江西区域经济发展和人民生活水平的战略。这一战略不仅对标了中央的要求，也符合江西的实际，契合4600万赣鄱儿女的需求，可以成为引领全省上下奋发有为，建设富裕美丽幸福江西的强大力量和信念支撑。江西目前实施兴赣富民既有良好的发展基础和机遇，也还面临着经济总量偏小、产业集聚程度不高、研发和人才缺乏、生态优势转化成经济优势不明显、脱贫攻坚任务艰巨等一系列挑战。为进一步推动兴赣富民战略的贯彻落实，有必要紧紧抓住兴赣富民战略的关键环节重点突破，凝心聚力建设富裕美

* 本报告获得时任江西省委常委、省委宣传部部长赵力平的重要批示；本报告刊发于江财智库专报2017年第36期（总第49期）。

丽幸福江西，筑牢同步全面建成小康社会的基础。

一、新时期实施兴赣富民战略尤为必要

为深入贯彻党中央和习近平总书记对江西经济发展的重要要求，江西省委贴紧时代要求和江西实际，提出了“创新引领、绿色崛起、担当实干、兴赣富民”的工作方针。其中，创新引领为动力引擎，绿色崛起为发展路径，担当实干为保障支撑，兴赣富民为奋斗目标。兴赣富民战略的核心就是兴赣、富民。兴赣，就是让江西发展强起来；富民，就是让江西百姓富起来。党和国家一切工作的根本目的就是在发展经济的基础上不断提高人民生活水平。兴赣富民不仅体现了这个根本目的，也体现了习近平总书记以人民为中心的发展思想。

兴赣富民战略体现了新发展理念共建共享的辩证统一。社会主义的根本任务是发展生产力，共同富裕是社会主义的本质要求。发展必须依靠人民，发展是为了人民，发展成果也必须由人民共享。兴赣富民就要把兴赣与富民有机统一起来，既要大力弘扬井冈山精神，艰苦奋斗，真抓实干，全力以赴加快经济发展，为“富民”做出更大的“蛋糕”；又要坚持公平正义，让全省人民更多、更公平地分享改革发展的成果，在分好“蛋糕”的过程中增强获得感和幸福感。

兴赣富民战略既凸显了政治自觉，又有利于在全省上下形成一致行动，最广泛地汇聚全省民智，最大激发民力，个个尽责，形成人人参与、人人尽力、人人受益的生动局面，汇聚成全省上

下攻坚克难，深入贯彻新发展理念，大力弘扬井冈山精神，决胜全面建成小康社会，建设富裕美丽幸福江西的强大合力和战斗力。

往届的省委、省政府也曾经提及兴赣富民，并为此付出了艰辛的探索和不懈的努力，但没有把兴赣富民上升到战略层面的高度来全面、系统、深入推进，新时期我们建议把兴赣富民作为省委、省政府的一项重大战略稳步实施。概而言之，实施这一战略不仅对标了中央的要求，也符合江西的实际，契合 4600 万赣鄱儿女的需求，可以成为引领全省上下奋发有为，建设富裕美丽幸福江西的强大力量和信念支撑。

二、新时期实施兴赣富民战略的基础与环境

（一）经济社会发展稳中有进，奠定了实施兴赣富民战略的坚实基础

党的十八大以来，江西积极实施三个国家战略，经济发展势头强劲，千亿产业不断壮大。2016 年，江西省全省实现生产总值 18364.4 亿元，增长 9%。财政总收入 3143 亿元，同口径增长 9.6%，其中，一般公共预算收入 2151.4 亿元，同口径增长 8.7%。2017 年上半年，全省 GDP 增长 9%，财政总收入增长 8.9%，规模以上工业增加值增长 9.1%，高新技术产业增加值增长 11%，占规模以上工业增加值比重达 31.7%，服务业增加值增长 10.5%，占生产总值的比例达 42.3%。上半年全省城镇和农村居民人均可支配收入分别增长 8.4% 和 8.7%，社会消费品零售总额增长 12.7%，

固定资产投资增长12.7%，主要经济指标增幅继续位居全国“第一方阵”。产业结构转型升级势头良好，供给侧结构性改革不断推进，为江西经济发展夯实了底气，呈现出总体平稳、稳中有进、稳中向好的发展态势，为兴赣富民战略实施奠定坚实基础。

在全省上下深入贯彻江西第十四次党代会精神的热潮中，在即将迎来党的十九大之际，我省经济、社会发展站到了一个新的更高的平台上。

（二）一系列国家发展战略带来重大利好，但新常态下的内外挑战尚须克服

机遇主要表现在两个方面：一是国家一系列发展战略、政策利好的叠加效应，为高铁、水利等重大基础设施乃至我省经济发展和对外交流合作带来重大发展机遇，同时，政府积极推进改革，释放改革政策红利，已成为江西经济平稳健康发展的最大利好。二是在全球价值链发生结构性变化，要求我国原先处于全球价值链低端的企业向价值链中高端攀升，由追求数量增长转向追求附加值提高。全球价值链的这种新整合，无疑将为世界经济注入新活力，也为江西经济提供了新机遇。江西企业要适应形势发展，抓住创新机遇，不能只是像过去那样嵌入全球价值链，而要在一些产业领域谋求全球价值链中的地位和竞争优势，在区域发展奋勇争先。

挑战主要从内、外部两方面来看，从外部看，全球经济复苏缓慢，我国经济进入了新常态，经济下行压力仍然较大，经济发展的不确定性在加大；从内部看，当前江西经济总量还是偏小，

发展质量有待提升，企业向价值链中高端攀升中面临瓶颈、动力不足，产业集聚程度不高，缺乏龙头企业带动，基础设施仍然滞后，生态绿色优势转化成经济优势不太明显，在经济发展中环境保护面临较大的压力等。

对江西而言，当前实施兴赣富民战略机遇和挑战并存，机遇大于挑战。我们对发展中的机遇和挑战要预先进行战略研究，在此基础上作出研判，对兄弟省份，尤其是中部其他省份发展动态要予以充分关注和追踪分析。

（三）供给侧结构性改革释放发展动力，但全面小康的短板不容忽视

动力主要来自改革、创新两个方面，根本靠改革、关键靠创新。改革方面，“放管服”改革、供给侧结构性改革、财税金融体制改革、人事体制改革等为兴赣富民战略提供了强劲动力。创新方面，牢牢把握创新引领这个动力引擎，坚持理念创新、科技创新、机制创新，加快建设创新江西是最大的激励和动力。此外，在全省上下积极倡导担当实干，加快健全激励机制和容错纠错机制，愿作为、敢作为、善作为的良好从政环境也成为江西发展的重要推动力，推动江西实现从后发到先发、从跟跑到领跑的转变，赢得更加光明的前景和美好的未来。

阻碍因素客观存在，有的时候甚至具有固化的特征。一是全面小康的短板不容忽视，“提前翻番”易，同步小康难。江西在全面建成小康社会的进程中仍面临不小的压力，尤其是在地区生产总值、人均 GDP、城乡居民收入、人口城镇化率、第三产业增

加值占 GDP 的比重、农村实现全面小康程度等方面与全国相比还存在较大的差距。二是脱贫攻坚工程使命光荣、任务艰巨，是当前最大的政治，尤其是深度贫困问题，值得引起高度重视。三是研发和创新能力成为短板。2016 年全省研究与开发的经费支出占 GDP 比重为 1.1%，相当于全国 2.1% 的一半。无论从往年的数据还是从未来的规划看，江西的研发投入均不足，与创新发展的要求不相适应，创新引领要落到实处，必须下大力气攻克研发和创新能力难关。四是江西人才吸引力度不够，流出去的多，留下来的少。严重制约了江西的发展，这在一定程度上阻碍了江西兴赣富民战略的实现。五是江西基本、基础的元制度环境的优化和改善。

三、实现兴赣富民战略尤为关键的五大环节及其措施

实施兴赣富民战略是一个系统工程，需要高层科学的顶层设计、中层创造性的规划实施和基层丰富生动的实践。实施兴赣富民战略要解决、处理的问题涉及江西经济社会发展的方方面面，抓全面更要抓关键，抓规划更要抓落地，我们认为，今后一段时期，实现兴赣富民战略要重点抓好以下五大关键环节：

（一）坚持经济总量和质量发展持续共进，做到量质齐升

经济建设是强省之基、富民之要。必须坚定不移加快发展，推动经济中高速增长，持续做大经济总量；必须坚定不移加快转

型，不断优化经济结构，提升发展质量和效益。进一步正确处理好发展的总量与质量的关系，在做大经济总量的同时注重发展质量，通过提升发展质量来做大经济总量，做到总量和质量齐跨越、同提升。

坚持稳中求进工作总基调，牢固树立和贯彻落实新发展理念，主动适应经济发展新常态，坚持以深化供给侧结构性改革为主线，推动经济平稳健康发展。省委加强统筹谋划和协调指导，确定以稳为基础、以进为导向、以新为动力、以好为目标的经济工作要求，加强经济运行调度，及时研究解决突出问题，狠抓工作落实。

做大经济总量，在根本上就是要继续坚定不移抓重大项目扩大投资、抓优质项目优化结构。立足经济欠发达的基本省情，在促进经济转型升级、提质增效的同时，着力保持较快的经济增长速度。

提升发展质量，在根本上就是要发动创新这一“引擎”，通过理念创新、科技创新、体制机制创新等，在横向上推动产业结构转型，提高产业的高级化和合理化水平，在纵向上加快技术升级，提升产业特色和核心竞争力，在布局上强调产业集聚，培育优势主导产业，走出一条能耗低、污染少、附加值高、效益好的绿色发展新路。

深入推进改革创新，加快发展动能接续转换。坚持向改革开放要动力，向创新创业要活力，大力发展新经济，打好供给侧结构性改革攻坚战，培育开放发展新优势，着力抓好新制造经济、新服务经济、绿色经济、智慧经济、分享经济，深入推进“放管服”等重点领域改革，积极融入“一带一路”建设和长江经济带发展等重大国家战略，不断增强发展的动力和活力。

（二）打造核心竞争力，凸显江西品牌

从区域板块看，江西素有“吴头楚尾，粤户闽庭”之称，是全国唯一与长三角、珠三角、闽三角接壤的省份，又是长江经济带和长江中游城市群的重要节点，省内有三个国家级战略计划。近年来，我省提出的“龙头昂起、两翼齐飞、苏区振兴、绿色崛起”区域发展格局一直推动着江西区域升级发展迈出新步伐。

当前，我省要提升“龙头昂起、两翼齐飞、苏区振兴、绿色崛起”区域发展格局，在全国凸显江西的区域竞争力和品牌地位。以赣江新区建设为突破口，把昌九地区建设成为率先发展的战略高地。以鄱阳湖生态经济区为依托，以沪昆线和京九线为主线，着力培育和发展以南昌为核心的南昌大都市区，把南昌大都市区打造为江西省核心增长极、长江中游区域中心、中部地区开放发展新高地、具有国际知名度的生态人文都市。以建设赣州省域副中心城市为引领，打造江西南部重要增长板块。同时，推进城乡发展一体化。坚持新型工业化、新型城镇化双轮驱动，做大中心城市，做强县域经济，做精特色小镇，做美宜居乡村。

区域发展离不开品牌的支撑，品牌的数量、档次、影响力直接显现着一个地方经济的竞争力和美誉度。客观而言，全省还未构筑以知名品牌支撑经济发展的格局，世界500强企业仅一家，中国500强企业也仅六家。江西作为欠发达地区要实现跨越式发展，既要发挥传统产业的比较优势，又要发挥航空、新能源、新材料等战略性新兴产业的后发优势，着力推进“江西药谷”“南

昌光谷”“赣州有色金属”“宜春锂都”等产业基地建设，强化龙头企业的带动作用，重点打造和培育若干产业集群，使“江西制造”向“江西品牌”“江西创造”和“江西智造”迈进。江西地产的产品品牌在全国叫得响的并不多，也需要加大培育力度，打造驰名中外的江西品牌。

江西生态环境优良，绿色生态是江西的最大财富、最大优势、最大品牌。我们要倍加珍惜、扬优成势，深入推进国家生态文明试验区建设，加大生态保护力度，推进绿色低碳循环发展，积极探索生态文明制度，打造美丽中国“江西样板”，实现生态文明建设的全国领跑，使绿水青山产生巨大的生态效益、经济效益、社会效益。

此外，在充分挖掘江西悠久历史、灿烂文化、人才辈出的基础上，下大力气培育更多的本土化、特色化、有影响力的文化创意、艺术、旅游、教育等品牌，推动其走向全国乃至世界，不断增强江西的“软实力”。

（三）着眼重点人群，全方位扎实推进脱贫攻坚

近年来，省委坚决贯彻党中央决策部署，把脱贫攻坚作为全省头等大事，聚焦定向、精准发力，通过社会各界的共同努力，扶贫工作已取得了明显成效：贫困人口规模大幅下降，贫困群众收入稳步提高，贫困地区生产生活条件不断改善，贫困群众自我发展能力不断增强。但是扶贫开发也面临严峻的形势：一是截至目前全省未脱贫人口仍有 113 万人，39.6 万户。其中，因病、因残、因灾和缺少劳力致贫的人口占到 3/4。二是随着脱贫攻坚战

的深入，出现一些新的情况和问题诸如扶贫中的形式主义突出、扶贫领域大量存在的微腐败问题、扶贫干部的不良心态、扶贫对象的等靠要思想严重、主观能动性差等，亟须选对路子，瞄准对象，精准施策，破解难题。三是实现“十三五”脱贫攻坚目标，时间紧、任务重。要解决区域性整体贫困问题，尤其是革命老区和集中连片特困地区，脱贫难度越往后越大，且容易出现反弹。

2017 年，习近平总书记在太原主持召开深度贫困地区脱贫攻坚座谈会时，发出了全面攻克深度贫困堡垒总攻号令。深度贫困是“贫中之贫、困中之困”。深度贫困往往出现在老、少、边、山地区，贫困问题具有整体性、区域性、顽固性等特点。不容忽视的是，在江西一些深远山区，基础设施薄弱、经济发展滞后，内生造血能力不足，深度贫困与思想、文化、观念等方面问题交织，脱贫攻坚任务依然艰巨繁重。打赢深度贫困地区脱贫攻坚仗是江西兴赣富民战略中的重要任务。

在脱贫攻坚进入破解深度贫困的新阶段，必须结合深度贫困地区的自身特点，采取更加切实有效的办法，下一番“绣花”苦功，精准对接贫困人群的脱贫需求，摸清贫困之根、号准贫困之脉、开好脱贫之方，在产业扶贫、教育扶贫、生态扶贫和移民扶贫上做好精准扶贫、精准脱贫的好文章。在精准扶贫中要坚持扶志、扶智、扶技一起抓，让贫困户从精神层面上站起来，实现自我造血。

（四）着眼全省人民，全力推进同步全面小康

党的十八大以来，江西加快全面建成小康社会，取得了靓丽

的成绩。然而，从目前情况看，“提前翻番”易，“同步小康”难，正是江西现实情况的写照。距离2020年实现江西省与全国同步建成小康，仅仅只有不到三年半的时间，必须找准难点加速突破。

在未来发展过程中，江西继续保持中高速增长，实现经济发展翻番的目标，相对比较容易实现。但是，江西省区域发展不平衡，贫困人口较多，公共服务水平较低，巩固生态环境质量的任务较重，实现“同步小康”困难重重。况且，“提前翻番、同步小康”绝不仅仅是经济指标的增长，更应是百姓的富足幸福、群众切身感受的提升，以及生活水平和公共服务水平的提高。

当务之急一：要围绕着全面小康社会指标体系的薄弱环节和短板指标，诸如地区生产总值、人均GDP、城乡居民收入、人口城镇化率、第三产业增加值占GDP的比重、农村实现全面小康程度等，以扩量、提质、增效、升级为中心，突出发展导向和衡量标准；以创新、改革、开放为动力，强调发展动力转换和动能提升；协同推进新型工业化、农业现代化和现代服务业，瞄准产业升级和结构优化；同时，培育新增长点，拓展发展空间，全面提升新型城镇化、信息化和绿色化水平。

当务之急二：切实增强老百姓获得感，提升幸福指数。富民既包括物质上的殷实，也包括精神上的富足，以及全社会的公平正义。我省要继续努力促进江西城乡居民收入的增长，确保高于GDP的增长速度，同时保持物价水平的稳定。

千方百计提高人民生活水平，努力使老百姓的“腰包”伴随江西兴赣富民战略的进程进一步鼓起来。要着力解决群众普遍关心的突出问题，建立更加公平、更可持续的社会保障制度。集中力量做好普惠性、基础性、兜底性民生建设，当前特别要注重补齐“脱贫攻坚”这个短板，在确保“如期脱贫”的同时，及时推动脱贫攻坚着力点转向“确保可持续”，由脱贫向致富迈进。经济发展的同时，办好涉及群众切身利益的实事，着力推进教育公平、司法公平和公共服务均等化，努力实现权利公平、机会公平和规则公平，使老百姓的获得感和幸福感显著增强。

（五）进一步加强和改进党的建设，为兴赣富民战略提供坚强保证

鹿心社书记强调，事业成败，关键在党，关键在干部。全面推进兴赣富民伟业，需要进一步加强和改进党的建设来提供坚强、有力的保证。

要牢固树立抓好党建是最大政绩的理念，聚焦全面从严治党，深化落实“两个责任”，全面加强和规范党内政治生活，持续推进风清气正的政治生态建设。要在全省各级领导干部中弘扬担当实干之风，大力倡导“担当为要、实干为本、发展为重、奋斗为荣”的为政理念。要加快健全激励机制和容错纠错机制，推动形成愿作为、敢作为、善作为的良好从政环境，激励各级干部撸起袖子加油干，以井冈山精神、苏区精神为指导，坚持“永远要坐在第一排”的标准，奋力迈出“创新引领、绿色崛起、担当实干、兴赣富民”新步伐，用新时期的“第一等工作”为党分忧、为党担责、为党尽责。

进一步全面推进江西省财政预算绩效管理的建议*

徐乐　李春根　熊萌之

习近平总书记在党的十九大报告中提出："加快建立现代财政制度，建立权责清晰、财力协调、区域均衡的中央和地方财政关系，建立全面规范透明、标准科学、约束有力的预算制度，全面实施绩效管理。"绩效管理被提升至前所未有的崭新高度。全面实施绩效管理，是加快建立现代财政制度的必由之路，也是提高国家治理能力和水平的重要保障，其核心是预算绩效管理。近年来，江西省大刀阔斧地推进预算绩效管理改革，初步建成了"预算编制有目标、预算执行有监控、预算完成有评价、评价结果有反馈、反馈结果有应用"以绩效为导向的全过程预算绩效管理新机制。自 2013 年起，改革工作连续三年被财政部评为全国二等奖，2016 年荣获"全国一等奖"，与北京、上海、江苏、浙江、广东等发达地区同处于全国第一方阵，位列全国前 10。

* 本报告获得时任江西省人民政府常务副省长毛伟明重要批示；本报告刊发于江西全面建成小康社会决策参考 2017 年第 11 期（总第 39 期）。

一、全省预算绩效管理改革的“三个特点”

几年来，我省预算绩效管理改革重点从夯基础、建制度、核目标、做评价四个方面下功夫，着力提高我省预算绩效管理质量和水平，主要呈现出“三个特点”。

（一）领导重视，预算绩效管理推进速度“快”

2013 年，我省就率先以省政府名义出台了全省预算绩效管理顶层指导文件《关于全面推进预算绩效管理的实施意见》（以下简称《实施意见》），在全国范围内，只有少数几个省份达到同一规格。同年，按照《实施意见》要求，我省先后开展了预算绩效目标管理、绩效运行监控和项目绩效评价试点及将预算绩效管理纳入政府绩效考核试点，最终在 2016 年底初步建成了具有我省特色的预算绩效管理新机制，在全国来说这个推进速度是非常快的。几年来，省委、省政府主要领导对我省预算绩效管理改革工作高度重视，多次作出重要批示，对改革工作推进得如此迅速起到了至关重要的作用。

（二）全面推进，预算绩效管理范围覆盖“广”

从省直看，我省预算绩效管理主要实现了四个全覆盖和一个“第一”：预算绩效目标管理覆盖所有省直部门及其部门预算项目支出；预算执行绩效运行监控覆盖所有省直部门；部门预算项目支出绩效自评价覆盖所有省直部门；部门整体支出绩效评价覆盖所有省直部门；部门预算项目支出绩效自评比例达到 60% 以上，名列全国第一，比中央部门自评比例高出约 10 个点。从市县看，所有设区市全部成立了专门的预算绩效管理机构，并开展预算绩效管理试点；约 40 个县（市、区）成立了专门的预算绩效管理机构，并开展预算绩效管理，上述情况在中部地区省份排名靠前。

（三）注重规模，预算绩效管理资金体量“大”

截至 2017 年底，全省实现预算绩效目标管理资金达 974.06 亿元，占全省财政支出的 19%；纳入绩效监控的项目资金达 828 亿元，占全省财政支出的 16.15%；开展绩效评价资金达 1050.43 亿元，占全省财政支出的 20.5%。其中：省本级实现预算绩效目标管理资金达 386.63 亿元；部门预算项目支出绩效自评资金 294.94 亿元，占省本级项目支出的 64.74%。另外，据不完全统计，财政专项资金绩效评价涉及资金近百亿元。

二、全省预算绩效管理改革的主要问题

总体来讲，《实施意见》要求的改革任务基本完成，预算绩效理念已入心入脑，预算绩效管理已规矩规范，预算绩效规模已铺开覆盖。但离习近平总书记提出的“全面实施预绩效管理”的

“全面”要求还存在不小差距，主要体现在三个“不全面”。

（一）《预算法》规定的绩效方面的内容落实“不全面”

新《预算法》中“绩效”一词前后出现六次，不难看出，新预算法要求公共财政预算绩效管理要贯穿预算活动整个过程，主要体现在：

第一，各级预算应当遵循统筹兼顾、勤俭节约、量力而为、讲求绩效和收支平衡的原则。

第二，各级预算在预算编制环节，要参考上一年预算执行情况、有关支出绩效评价结果和本年度收支预测，按照规定程序征求各方面意见后，进行编制。

第三，各部门、各单位应当按照国务院财政部门制定的政府收支分类科目、预算支出标准和要求，以及绩效目标管理等预算编制规定，根据其依法履行职能和事业发展的需要以及存量资产情况，编制本部门、本单位预算草案。

第四，在预算审查和批准环节，各级人民代表大会有关专门委员会，要向本级人民代表大会主席团提出关于总预算草案及上一年总预算执行情况的审查结果报告。审查结果报告应当包括提高预算绩效的意见和建议。

第五，在预算执行和监督环节，要求各级政府、各部门、各单位应当对预算支出情况开展绩效评价。

第六，在决算环节，县级以上各级人民代表大会常务委员会和乡、民族乡、镇人民代表大会对本级决算草案，要重点审查支出政策实施情况和重点支出、重大投资项目资金的使用及绩效情况。

我省在贯彻落实《预算法》过程中，落实“不全面”主要体现在：第一，不少县（市、区）仍是“只问花钱，不问绩效”的老思路，绩效意识淡薄。第二，在预算编制环节，省直尚未有效借鉴利用上一年度绩效评价结果，更不用说市县。第三，绩效目标管理在市县编制预算环节尚未有效开展。第四，各级预算报送同级人大上一年总预算执行情况的审查结果报告中根本没有提高预算绩效的意见和建议内容。第五，各级人大尚未对重大投资项目进展的使用及绩效情况进行审查。

（二）预算绩效管理体系建设“不全面”

一是预算绩效管理制度体系建设“不全面”。国家对新预算法的修订终于让预算绩效管理上升到了法律的高度，极大地增强了预算绩效管理的效力，我省尚没有配套的法规条例。《实施意见》要求的预算绩效管理改革工作任务已基本完成，对后期推进预算绩效管理改革的指导作用不大。因此，在省级层面急需一个纲领性的工作规划指导下一步改革工作的实施，完善前期改革探索中落实不到位或者没有考虑的工作。

二是预算绩效管理实施体系建设“不全面”。第一，机构建设不全面。县一级尚未全面建立预算绩效管理专门机构。第二，指标体系建设不全面。分行业、分类别的绩效指标比较零散，没有形成体系。第三，第三方参与预算管理服务体系建设不全面。第三方参与预算绩效管理服务选择过于集中在会计师事务所和省内高校，相对而言，会计师事务所业务范围过于单一，省内高校师资力量比较有限。

（三）预算绩效管理执行“不全面”

管理对象仅是一般公共预算，尚未将政府性基金预算、国有资本经营预算、社会保障基金预算纳入其中。管理重心集中在预算绩效目标管理、绩效运行监控、绩效评价三个环节，评价结果应用十分薄弱，未与提升预算绩效有效地衔接起来，可以不客气地说，如果评价结果得不到应用，不但前三个环节的管理工作白做了，甚至预算绩效管理也是空谈。

三、全面推进省预算绩效管理的五条建议

“全面实施绩效管理”，短短八个字，却内涵丰富，为今后一段时期深化财税体制改革指明了方向、明确了任务。下一步我省应再接再厉，围绕五个“全面”，开拓创新，锐意进取，争当全国“全面实施绩效管理”的排头兵。

（一）管理层级覆盖全面

各级各部门实施预算绩效管理是全面实施绩效管理最基本的要求，我省下一步应充分调动起各级财政部门、预算部门的积极性，尤其是预算绩效管理工作相对滞后的地区和部门，开展预算绩效管理试点，财政部门必须全部成立预算绩效管理专职机构，

有条件的预算部门根据需要成立预算绩效管理专职机构，逐步实现省、市、县三级所有财政部门和预算部门全部实行绩效管理，不留死角，全省一盘棋，横向到边，纵向到底。

（二）管理体系建设全面

探索制定我省“全面实施绩效管理”的法规条例，作为《预算法》绩效管理相关法律条文的延伸，明确各级财政部门和预算部门实施预算绩效管理的法律责任，引导和规范第三方参与预算绩效管理的行为，更好更快地全面实施绩效管理。制定全省“十三五”绩效管理工作规划，明确“十三五”期间各级政府和各级部门全面实施绩效管理的重点工作任务，指导“十三五”绩效管理真正向全面推进。建立完善分行业、分类别、多层次的评价指标体系，逐步做到根据不同的公共行业领域、不同的评价对象、不同的评价目的，都能形成一套逻辑框架扎实、指向性强的绩效评价指标。

（三）管理对象涵盖全面

在一般公共预算绩效管理成熟的基础上，由财政部门牵头，积极探索开展政府性基金预算、国有资本经营预算、社会保险基金预算绩效管理试点，将预算绩效管理逐步拓展到政府性基金预算、国有资本经营预算、社会保险基金预算，实现四本预算全覆盖，覆盖所有财政性资金。

（四）参与对象涵盖全面

充分发挥人大、政协的力量，强化对预决算报告中绩效内容的审议，注重绩效监督；充分发挥纪检监察部门的力量，加强对绩效管理查出问题整改落实情况的监督和对绩效评价的监督；充分发挥审计部门的力量，根据预算绩效管理情况推进政府绩效审计，重点关注财务收支的效益性和公共资源配置的合理性。大力推进全省绩效管理行业协会成立，完善对第三方参与预算绩效管理的专业能力、评价方法、主体责任和质量控制的等级认定，加强行业自律，发挥行业优势。在全社会积极培育绩效文化，向社会公开绩效信息，让社会公众了解绩效；向社会公众发放调查问卷、征求意见表，邀请社会公众参加座谈会、专题研讨，让社会公众参与绩效、投身绩效。畅通政府与社会公众的沟通渠道，使社会公众成为预算绩效管理的重要监督力量。

（五）绩效环节管理全面

抓住现代预算制度“规范透明、标准科学、约束有力”三个关键要素，着力于预算绩效管理的各个环节，做到预算编制、执行、监督各个过程全面体现绩效性。一是着力于预算绩效目标编制环节。预算部门是预算绩效目标编制的编制主体，更是责任主体，要紧紧围绕部门中长期事业发展计划编制预算绩效目标，突出目标标准性和科学性。财政部门是预算绩效目标的审核主体，要强化预算评审制度的执行力，重点做好对预算绩效目标的评审。另外，预算绩效目标要向社会公开，不仅部门自己清楚，更要让社会公众清楚。二是着力于绩效运行监控环节。预算绩效目标是预算执行的依据，对其形成约束。预算执行偏离了目标必须及时纠正，才能体现预算绩效目标的权威性和约束力。预算部门要不断扩大监控的范围，尽可能更多地将预算支出绩效不好的情况扼杀在萌芽状态。三是着力于绩效评价环节。在做好各项绩效评价工作的基础上，逐步将部门整体支出、财政（制度）政策、财政专项支出、市县财政综合支出管理绩效评价作为未来绩效评价的重点。四是着力于绩效评价结果应用环节。建立健全绩效评价结果应用机制，充分运用绩效评价结果指导预算编制，实施奖惩和问责，逐步推行绩效评价结果对公众公开，接受社会监督。

对接粤港澳大湾区
推动江西高质量跨越式发展 *

李春根

实施粤港澳大湾区建设是以习近平同志为核心的党中央作出的重大战略决策。江西是离粤港澳大湾区最近的腹地，是泛珠三角区域“9+2”重要成员，在对接融入粤港澳大湾区方面有着独特优势，也在香港、澳门融入国家发展大局中具有重要的地位和作用。面对新时代新机遇新挑战，江西如何把握粤港澳大湾区建设世界级城市群和国际一流湾区的溢出机遇，推动江西高质量跨越式发展？近日，省委党校第54期中青班第三调研组通过访谈座谈形式在省直部门层面了解情况掌握资料，深入赣州市及下属的几个县（区）实地进行了认真细致的调研考察，一路上感受到各地对接大湾区，推动江西高质量跨越式发展的坚强决心和勃勃生机。

* 本报告获得包括时任省长易炼红、省委副书记李炳军、常务副省长毛伟明、省政协副主席汤建人、刘晓庄、陈俊卿等在内的九位省领导的肯定性批示；本报告刊发于《领导论坛》2019年第10期。

一、粤港澳大湾区战略给江西带来重大战略机遇

粤港澳大湾区概念自2015年正式提出以来，逐步引发了国内国际学界、政界、商界和普通百姓的高度关注和热议。随着《建设粤港澳大湾区框架协议》的签署和今年年初规划纲要的解密发布，开启了粤港澳合作的4.0阶段。这将给处于高质量跨越式发展阶段的江西带来重大战略机遇。

（一）对接有前景

在党中央的亲切关怀和坚强领导下，江西近些年来获得了一系列国家重大政策的支持，全省发展劲头十足、势头良好。尤其是在国家强力推动粤港澳大湾区战略的背景下，昌吉赣高铁即将开通，2021年前赣粤高铁开通，以及“十三五”末长赣高铁的开建，江西将迎来几百年以来的最好时机和宝贵机遇。

（二）融入有基础

长期以来，江西与粤港澳大湾区具备非常好的合作基础。如赣港会、泛珠三角、赣深、赣粤等合作平台多年坚持、运行很好。省委十四届六中全会提出以更大力度、更实举措在内陆开放上求突破，加强向外对接、深度融合。江西与粤港澳大湾区在政

府合作、企业投资、经贸合作、互联互通、民间往来等都为对接大湾区奠定了坚实的合作基础。

（三）承接有底气

实施大湾区战略，打造内地与港澳深度合作的示范区、国家一流湾区和世界级城市群。可以预见，未来三至五年，江西将迎来重大机遇。但是机遇只是充分条件，还不是必要条件。近年来，江西已经找到了一条适合省情的发展新路子，完全有底气、有信心在承接大湾区战略中把红色、古色、绿色的突出优势汇聚成发展的金色。

二、对接粤港澳大湾区推动江西高质量跨越式发展的五点共识

谋定而后动，知止而有得。对接粤港澳大湾区，推动江西高质量跨越式发展必须要有全面、系统、超前、正确的认识，根据对《规划纲要》的解析和对江西经济社会发展现状及省情的判断，我们认为，关于对接，全省上下应该形成五点共识：

（一）对接大湾区不是被动对接，而是主动协同

粤港澳大湾区战略具有极其重大的政治、经济、社会、文化和生态意义，全省各地区各领域要以更高的政治站位、更宽的经

济视野、更新的生态思维，主动对接、主动协同、主动服务、主动融入。

（二）对接大湾区不是短期对接，而是长期行动

要充分认识到粤港澳大湾区建设的长期性，以及对我省经济社会发展的持续影响力，对接工作不是一年、两年的短期行为，而是一个与大湾区互动发展的长期过程，需要立足当下、着眼未来、持之以恒、久久为功。

（三）对接大湾区不是单向对接，而是双向互动

对接大湾区的本质是生产要素的流动与文化社会的交流融合，这种要素流动与文化融合的内在要求是双向互动的，不是单向单一的，既要积极支持服务好大湾区建设，又要善于吸引大湾区内的优质要素资源用于支持我省经济社会发展。

（四）对接大湾区不是局部对接，而是全面融入

在对接主体上，既要发挥全省各区域各自的特点与优势，又要发挥赣南等原中央苏区的“桥头堡”作用；在对接内容上，既要突出抓好产业转移的承接工作，又要积极学习大湾区改革创新经验，对接科技成果转化，促进文化交流融合等。

（五）对接大湾区不是无序对接，而是精准发力

对接大湾区的工作涉及全省各地各部门、各个领域、各个层级，既要全面发力，又不能各行其道、杂乱无序、没有章法，要切实加大统筹、注重谋划、突出精准、务求实效。当前，省级层面要特别加强对大湾区建设发展规律的研究，分阶段、分领域、分区域谋划我省的应对策略与举措，顺势而为、借势发力、精准施策。

三、对接粤港澳大湾区推动江西高质量跨越式发展的四点建议

（一）抢抓机遇，干在实处

面对粤港澳大湾区这一重大战略机遇，我省迅速出台了《江西对接粤港澳大湾区建设行动方案》(以下简称《方案》)，各地、各部门也快速反应制定并公布了工作方案，可谓是未雨绸缪、厉兵秣马。但是在认真对比分析相关工作方案后，发现个别地方或部门是在依葫芦画瓢，方案和具体任务的针对性有效性有待加强。

与此同时，应该清醒看到，百舸争流、千帆竞发，与大湾区相邻的湖南、广西、贵州等其他几个省份正积极抢占先机，纷纷加速对接大湾区。例如，湖南与珠三角之间的联系一直非常紧密，在 2009 年武广高铁开通之后，湖南就成为珠三角不少产业

转移布局的首选。仅 2019 年湖南—粤港澳大湾区投资贸易洽谈周期间，湖南在粤港澳大湾区共达成投资类签约项目 445 个，投资总额 4150.77 亿元，引进资金 3831.88 亿元。其中，省级签约项目 183 个，投资总额 3098.5 亿元，引进资金 2847.2 亿元。省级签约项目中，31 家三类“500 强”（世界 500 强、中国 500 强和民营 500 强企业）企业投资项目 36 个，占项目总数的五分之一，总投资 1111.03 亿元，其中世界 500 强企业投资项目最多，多达 16 个。湖南—香港科技创新技术转移工作站也正式启动。又如，广西今年提出要提升做实珠江—西江经济带，强化与粤港澳大湾区基础设施互联互通，推动建设南宁经玉林至深圳香港高铁，打造好粤桂合作特别试验区、粤桂黔高铁经济带合作试验区广西园等平台。再如，贵州在 2014 年贵广高铁开通后，与广东的联系更加紧密，粤港澳很多产业也转移到贵阳等地。

因此，全省上下必须时不我待、抢抓机遇、谋篇布局、打通症结、奋发有为、干在实处，以一流的理念思路、一流的视野格局、一流的营商环境、一流的生态环境、一流的工作业绩全力做好全面对接、全面融入、全面服务、全面协同粤港澳大湾区发展的大文章，这样才能真正把“粤港澳腹地、内地前沿”的区位优势转化为现实的发展优势，力争江西在更宽领域、更高层次的开放合作中“富起来”“强起来”。

（二）准确定位，“六区”并进

《方案》中明确了我省“三区”（产业转移首选区、改革创新经验复制先行区、市民生活休闲旅游共享区）定位。我们认为，基于前面的五点共识，应紧紧围绕江西高质量跨越式发展首位战略，在坚持“三区”定位的基础上，进一步拓展为“六区”定位，即把江西建成粤港澳大湾区互联互通中转区、产业转移首选区、改革创新经验复制先行区、科技成果转化区、市民生活休闲旅游共享区、先进文化融合区。增加三个定位的理由如下：

一是江西作为唯一一个毗邻珠三角、长三角、闽三角的中部地区省份，承东启西，联通南北，今后在国家的一系列互联互通中的地位和功效愈加凸显。

二是粤港澳大湾区要实现打造具有全球影响力的国际科技创新中心战略目标，必须充分发挥粤港澳科技和产业优势，积极吸引和对接全球创新资源，建设开放互通、布局合理的区域创新体系。江西具有得天独厚的毗邻优势、资源优势和“互联网 +”的后发优势，理应成为粤港澳科创成果的转化区。

三是江西具有丰富的红色、绿色、古色文化资源，与粤港澳大湾区地缘相近人缘相亲文化相通，与国际范、时尚前沿的大湾区互补性强，有利于扩大在粤港澳大湾区的文化影响力，促进先进文化的交流融合。

（三）放大“溢出”效应，减少“虹吸”效应

粤港澳大湾区总面积 5.6 万平方公里、总人口约 8000 万、经济总量超 10 万亿元，是我国开放程度最高、经济活力最强的区域之一。大湾区战略势必会使得港澳与内地壁垒降低，同时带来明显的产业溢出、人员溢出、技术溢出、资本溢出、市场溢出、教育医疗溢出等。由于成本攀升、资源承载和要求趋严，区域内

装备制造、汽车、石化、家用电器、生物制药、电子信息等产业面临转移问题，江西对此可做好充分的准备。大湾区雄厚的金融实力，也将为江西高质量跨越式发展提供充足的资金支持。

与“溢出”效应相对应的就是“虹吸效应”，虹吸效应有客观性，这是因为发展较好的城市拥有更好的基础设施、更优的公共服务、更多的就业机会、更大的上升空间，所以对发展要素有更大的引力。如进一步探究，可能还涉及城市的历史禀赋、地理区位、行政等级、巨量投资、重大事件影响、产业转移等原因。

众所周知，高铁开通将直接加剧虹吸效应，赣粤高铁通车后，赣州将融入大湾区两小时经济圈，“三南”（龙南、全南、定南）融入一小时经济圈，赣州作为省域副中心和四省通衢的区域性现代化中心城市，要很好地利用“溢出”效应、减少“虹吸”效应，及早布局定位，把握好功能定位，做优做特城市及其特色、优势产业。

建议我省牢牢抓住粤港澳大湾区战略的宝贵契机，进一步加强分析研判，对“溢出”的区域、领域、力度、流向，“虹吸”的区域、领域、人群、力度、流向等进行测算和跟踪，充分承接大湾区的溢出效应，助力我省高质量跨越式发展。

（四）全省一盘棋，藏南桥头堡

在具体战略策略上，一方面，以赣粤纵向为主轴，沪昆横向为辅轴，树立全省一盘棋的思想；另一方面，充分发挥赣州“江西南大门”优势，建议省里出台政策支持赣州市打造成为对接融入粤港澳大湾区的桥头堡，聚焦重点地区、优先领域，打造一批对接合作的示范工程，支持“三南”一体化发展，将“三南”打造成江西对接融入大湾区的先行区、示范区。

树立全省一盘棋思想：一是互联互通方面，除了《方案》中明确的抓紧构建立体化对接通道的任务外，要更多更密地打通海陆空入粤港澳通道；融入大湾区信息基础设施建设，加强全省与大湾区信息基础设施的互联互通。二是产业转移方面，支持大南昌都市圈先进装备制造业基地、京九高铁沿线电子信息产业带，形成配套大湾区世界级先进装备制造和电子信息产业集群的重要基地和延伸带；高位对接大湾区生物技术新兴产业集群建设。建设中国（南昌）中医药科创城；加快鹰潭“世界铜都”和九江星火有机硅产业集群建设，培育全国重要的有色金属产业基地，与大湾区新材料等新兴产业联动发展；积极承接大湾区新能源产业集群配套能力建设，依托上饶光伏城和宜春、新余锂电产业集聚区，打造世界级晶硅电池及组件基地、全国知名的锂电新能源基地。三是改革创新经验复制方面，以南昌综合枢纽、九江水港、赣州内陆港、上饶高铁枢纽为支点，建设具有承接大物流集散、大产业集聚、大商贸活动功能的开放平台。大力支持我省企业依托香港、澳门走出去，高层次培育开放合作新优势。四是科技成果转化方面，积极对接粤港澳大湾区国际科技创新中心建设，提升科技创新能力；借助泛珠三角区域科技合作平台，推动相互开放的国家级和省级重点实验室、中试基地等试验平台，全面对接粤港澳大湾区科技创新基础平台共享体系；加大外派培养、挂职锻炼等力度，实现与大湾区人才的双向互通；坚持开展“三请三回”和“三企”入赣，以优惠政策吸引赣籍乡贤、校友返乡创业就业。五是市民生活休闲旅游共享方面，加强我省有机农产品与粤港澳大湾区市场对接，支持粤港澳大湾区大型连锁企业和批发市场在赣建立直采基地、加工基地和发展订单农业；主动融入大湾区城市旅游联盟，依托名山名江名湖名楼，加强我省与大湾区研学交流游、海丝探秘游、健康养生游等精品旅游线路对接；积极启动第二轮东江源生态横向补偿工作，争取提高补偿标准，更好地保护好一江清水。六是先进文化融合方面，依托丰富的红色、绿色、古色文化资源，通过打造文化精品，扩大在粤港澳大湾区的文化影响力；加强粤港澳研究，在省内布局若干个粤港澳研究中心；推动赣港、赣澳教育领域合作，建议引进港大、港中文、澳门大学等名校在江西设立分校，鼓励本省高校在大湾区设立研究院、分校；出台“1+N”文件鼓励支持港澳青年在江西就学创业，寻找大湾区与赣文化交流的最大公约数，培养“知赣”“友赣”力量。

发挥赣南桥头堡作用：一是互联互通方面，争取国家发改委在研究编制大湾区城市群发展规划过程中，将赣州纳入其中，为全面对接融入奠定基础；尽快开通赣州直达香港、澳门航班，争取早日设立赣州黄金机场国际航空口岸，拓展赣州与大湾区客货运航线，将赣州市建设成为大湾区的重要航空客货运枢纽中心；强化赣州港作为深圳盐田港和广州港、萍乡内陆港作为广州港的内陆腹地港作用，推动开通赣州至广州铁海联运班列，加快打造以赣州港为龙头的“1+N”大型内陆国际港，逐步形成国际物流大枢纽。二是产业转移方面，以产业集群化、团体标准化、区域品牌化的方式，提高赣州市“两城两谷一带”产业的集聚度与竞争力；聚焦“两城两谷一带”等主导产业，瞄准大湾区目标企业，充分利用赣港、赣粤、赣深等省级平台，充分发挥赣州在大湾区的商会、协会的桥梁纽带作用，重点引进一批世界500强企业，加快推动优势产业集群发展；追踪研究大湾区产业发展的特点，鼓励引导各县（市、区）紧紧围绕首位产业，主动参与广佛肇、深莞惠电子信息、汽车制造、生物医药、现代家居、现代轻纺等领域分工，实现错位发展、协作发展，加快转型升级，推进县域经济高质量跨越式发展；建强承接粤港澳产业转移平台，按照合作开发模式，由政府主导设立赣州粤港澳CBD（中央商务区），根据赣州产业定位，出台特殊支持政策，让大湾区的总部企业及IAB产业（新一代信息技术、人工智能、生物医药）、NEM产业（新能源、新材料）、IT产业（信息技术）等产业向赣州粤港澳区域CBD集聚。三是改革创新经验复制先行区，支持赣州复制推广广东自由贸易试验区改革试点经验，推进国家级经开区、综保区、航空口岸等平台与赣州港串联融合，争取国家批复赣州设立赣南自贸区；主动对接粤港澳，创新探索粤港澳赣"飞地经济"合作模式，以赣州经开区、赣州高新区、蓉江新区、龙南经开区、瑞金经开区为平台，与粤港澳共建飞地产业，参照广梅产业园、广清产业园、深汕合作区的模式，合作设立赣粤、赣深、赣港产业园并予以政策支持。四是科技成果转化方面，支持赣州主动融入"广州—深圳—香港—澳门"科技创新走廊建设，深入对接落马洲河套港深创新及科技园建设，积极承接大湾区创新产业和人才、资金等创新资源外溢；围绕战略性新兴产业与重点产业，推动设立大湾区高校院所技术转移中心赣州分中心，共建联合实验室、联合研究中心等科研平台，开展重大关键技术联合攻关，推动与大湾区高校院所共建校地、校企协作、技术对接的网络平台。五是市民生活休闲旅游共享方面，依托赣州优越的生态环境和丰富的温泉地热资源，积极对接大湾区健康、养老市场需求，建成一批吸引大湾区的高端知名养生养老基地；鼓励引导大余、上犹、崇义、安远等县（区）构建多元化的健康养生产业体系，努力把赣州打造成为大湾区乃至中国南方重要的养生福地；建设大湾区总部经济高管度假小镇，建议赣州在建设粤港澳大湾区后花园过程中，有选择地在离中心城区较近、生态环境优美的上犹或崇义，通过市场化手段开发建设一批用于大湾区总部公司高管人员休闲度假的高端公寓，提供订单式的高端休闲度假服务。六是先进文化融合方面，赣州市打好“源头牌”“红色牌”“生态牌”“客家牌”“宋城牌”“堪舆牌”，实现与大湾区文化旅游无缝对接，打造大湾区红色文化游、历史文化游、客家文化游、生态康养游、周末自驾游首选地。

推进职业教育供给侧结构性改革 助力江西职业教育创新发展*

李春根　李旺根　揭昌亮

职业教育是与普通教育处于同等重要地位的教育类型，与经济社会发展联系最为紧密、与就业和民生关系最为直接，必须高度重视、大力发展。长期以来，江西省认真贯彻落实党的教育方针，始终坚持把职业教育作为经济社会发展的重要基础和教育工作的战略重点来抓，立足地方实际，统筹规划推进，成效显著。当前，江西省按照高质量跨越式发展首要战略的要求，以供给侧结构性改革为主线，大力推进经济转型和产业升级，需加快发展现代职业教育，深化职业教育改革，优化人才供给结构，培养大批高素质技术技能人才。教育部和江西省人民政府决定，在部省共建国家职业教育虚拟仿真示范实训基地基础上，全力推进职业教育提质培优、增值赋能，整合职业教育资源，提高办学质量，提升产教融合水平，全力建设江西职业教育创新发展高地，让江

* 本报告获得时任江西省省人大副主任朱虹重要批示；本报告刊发于江西全面建成小康社会决策参考（2020 年第 5 期）。

西职业教育“香起来、强起来、特起来”，实现办学质量和服务能力双提升。

一、江西省职业教育发展主要举措及成效

（一）支持职业教育发展合力初步形成

一是建立健全制度标准。省政府先后四次召开全省职业教育工作会议，出台了一系列推进职业教育改革发展的政策措施，省政府专门建立了全省职业教育工作联席会议。二是全面提高培养质量。各院校积极关注新兴产业发展动向，主动布局新兴产业人才培养，率先肩负起了新兴工科建设和应用型人才培养这一重大使命和责任。三是深度构建产教融合机制。职业院校与国内外知名企业合作，共同制订人才培养计划，按照专业与岗位对接、课程内容与职业标准对接、教学过程与生产过程对接、职业能力与职业资格对接的要求设置课程，产教无缝融合。

（二）技术技能人才供给能力稳步提升

一是职业教育人才培养规模持续扩大。2019 年，我省高职在校生 50.95 万人，占普通高等教育总人数的 48.34%；中职在校生达 67.37 万人，职普比为 4∶6，职普人才培养规模大体相当，数据统计如表 1 所示。二是通过实施中高职对接培养、开展联合培养应用技术型本科人才试点、拔尖人才免试就读政策等方式，初

步构建了中职、高职、本科相互衔接的人才成长上升通道。

表 1　2019 年江西省职业教育基本情况概览

	学校数量（所）	在校生数量（万人）	职普比（%）	专业数（个）	就业率（%）
高职	57	50.95	48.34	1573	90.16
中职	295	67.37	66.67	—	95

（三）职业教育发展保障机制逐步健全

先后出台了《江西省现代职业教育体系建设规划（2014—2020 年）》《江西省校企合作促进办法》等一系列推进职业教育改革发展的政策措施。省财政厅制定了全省统一的公办高职和中职院校生均拨款标准，省属公办中职学校生均拨款标准达到 5000 元，高职生均拨款标准提高到 12000 元。

（四）职业教育发展内涵有效提升

一是持续推进达标中职学校建设。开展了以中职学校达标能力建设为重点的中等职业教育资源整合工作、省级达标学校认定工作，重点推进县级职业学校建设。二是深入推进一批职教重点项目。持续推进高职教育创新发展行动计划，实施我省中职质量提升“123”工程项目、高职教育“双高”建设计划，支持建设一批优质职业院校和优势特色专业，努力提升我省职业教育的综合实力和区域竞争力。三是进一步加强“双师型”教师队伍建设。截至目前，全省中职学校“双师型”教师占专任教师的30%；全省高职院校双师素质教师占比达52.12%。四是不断完善校企合作协同育人机制。目前，我省共组建各类职业教育集团20个，国家级现代学徒制试点单位21个，高职共有合作企业7387家，订单培养学生27040人，接收毕业生就业34243人。以江西软件职业技术大学为例，它依托于先锋软件集团的企业资源优势，形成校企共建、系企同育的新型办学体系，目前已与企业合作共建了30个校内实训基地和68个校外实训基地。

（五）我省职业院校影响力不断扩大

我省全面实施职业教育质量提升计划，现代职业教育创新发展取得明显成效，职业教育整体实力明显增强。江西软件职业技术大学获得“2019年世界大学生电子竞技大赛冠军”填补江西空白。江西交通职业技术学院、江西应用技术职业学院获得“高职院校服务贡献50强”，九江职业技术学院先后获“高职院校教学资源50强”“全国高职院校就业50强”；江西外语外贸职业学院连续两年获得“国际影响力50强”，并在第四届“互联网+”大学生创新创业大赛中获国赛金奖，成为全国唯一获评“青年红色筑梦之旅”活动金奖和“先进集体奖”的高职院校。在2018年全国职业院校技能大赛职业院校教学能力比赛中，江西省获31个奖项，与2017年同期相比增长82%，位列全国第11名；2018年全国职业院校技能大赛中，江西代表团共获得131个奖项，与2017年同期相比增长20%。

二、江西职业教育发展面临的问题

（一）职业教育的专业设置与产业匹配度不够

一是专业设置同质性强。由于当前职业教育经费拨付采取“补人头”的方式，学校出于经济利益的考虑，在没有进行人才需求调查和与企业深度合作的情况下，盲目开设家长和学生喜爱的专业，哪个专业招生形势好就开设这个专业。学生选择专业往往也是“什么专业好听，就报什么专业”，不一定符合社会的客观需求，导致部分专业与社会需求的契合度不高，匹配度不够。

二是专业知识体系与产业脱节。当前我省很多专业内涵不明确、专业布局与支柱产业分布错位，没有体现专业与产业对接，理论知识传授多，生产实践经验少，很多专业脱离产业需求，从而出现产业升级带来的结构性失业。

三是部分专业设置与产业结构升级不匹配。当前我省有些职业教育专业设置严重过剩，有些专业设置存在不足和缺失，不能满足产业对技术技能型人才的需求。同时，一些战略性新兴产业专业设置滞后，前瞻性、先导性不足，专业设置支撑产业结构发展的能力不强。

（二）职业教育的社会认可度和政府重视度有待转变

一是社会对职业教育仍存在一定范围的偏见。职业教育长期以来仍然被人们定性为“次等教育”，其社会认可程度始终不如普通教育。很多家长和学生仍持有“能上高中，不上职校；能上大学，不上高职”的想法，这使职业学校面临着招生困难的问题。

二是各地政府对职业教育的重视不够。把职业教育定性为“次等教育”的观念在政府部门也存在，没有把职业教育放在与普通教育同等重要的位置上，这导致对职业教育的保障力度、规划部署、政策落实等方面的重视程度不够，没有真正落实职业教育与普通教育的同等地位关系。

三是生均拨款保障力度不足。目前，我省省属中职学校生均财政拨款标准为 5000 元 / 生，市县中职学校为 3000 元 / 生。而中部各省份生均经费超过 5000 元 / 生，如山西省中职学校生均经费为 8000 元 / 生。我省生均财政拨款不仅包括了维持学校正常运转的费用，还包括了在编教职工的工资、学校的建设费用、学生助学金等，而中职学校教学需要引进使用大量仪器设备，办学成本明显高于普通高中，中职学校生均经费保障力度远远不能满足发展需要。到目前为止，民办中职、民办高校都没有生均拨款支持。

（三）产教融合、校企合作深度不足

职业教育有其特殊性，其人才培养必须紧跟产业需求，经常进行各个工种的实际操作训练，能适应产业不断升级的需要，这就要求加强校企合作、产教融合。但是，“校热企冷”仍然是目前产教融合、校企合作的普遍现象。从学校角度来看，为求生存、求发展和适应市场经济的要求，我省职业学校会主动与企业建立合作伙伴关系。但从企业的角度来看，由于缺乏政府的政策

激励和经费支持，以追求经济利益为主和避免合作风险的企业参与职业教育的驱动力不足，存在浮躁、急功近利的现象，深入参与教学积极性不高，主要局限于企业参与学校的人才培养方案、开设讲座、提供实习实践基地等浅层次合作。另外，由于管理机制的问题，学校很难与企业建立合理的费用分担、风险分担和利益共享机制，一旦无法确保互惠共赢，校企合作就只能流于形式或中途夭折。

（四）教师队伍建设有待加强

一是教师队伍招聘机制不够灵活。目前，中等职业学校教师招聘是由各地人社部门放在中小学教师统一招聘中进行，具有教师资格证是一项硬性指标；高等职业院校的教师招聘则存在学历门槛，这些招聘条件没有突出职业教育的技能特色，对职业学校引进技术技能人才、有绝活的能工巧匠产生限制作用。

二是教师收入分配机制不够灵活。目前，职业院校在制定年初预算后，绩效工资总量一经核定原则上不能变动，职业学校为社会、市场提供技能培训服务取得的收益会占用绩效工资总量，这导致教师缺乏主动贴近市场，为企业、为社会、为市场服务的积极性。

三是民办职业学校教师在社会保障、职称评定等方面仍然没有与公办院校的教师享受同等待遇。导致民办职业学校教师的流动性较高，只把工作当跳板，一有机会还是报考公办学校。

四是教师的执教能力水平有待提升。目前，我省“双师型”教师仍然短缺；专任教师的专业技能水平普遍较低，大多数教师缺少企业生产实践经验，开展实践教学的能力不强；教师培养与补充机制不畅，难以从社会和企业吸引优秀人才到职业院校任教，教师的流动性大。

三、推进江西职业教育创新发展的对策建议

（一）完善职业教育多元投入机制

一是完善政策举措。建议制定出台《江西省职业教育改革创新实施方案》《江西“双高职业学院建设”具体方案》等政策文件，以明确全省职业教育高质量发展的实施路径和发展举措。

二是加大政府投入，严格落实政策。严格执行地方教育费附加用于职业教育的比例不低于 30% 的规定，落实好《国家职业教育改革实施方案》中关于“中职学校生均财政拨款可以适当高于普通高中”的政策要求。根据全国高职院校扩招 100 万人中我省分配到的 4.36 万人，相应扩容职业教育发展专项资金。

三是拓宽职业教育多元化投入渠道。鼓励和引导我省职业教育院校通过科技成果转让、横向课题合作、技术咨询和技术服务等方式，从地方政府、行业和企业等获得的经费支持，使得职业教育投入渠道多元化，增强办学实力。

（二）建设高水平教师队伍

一是扩大职业院校选人用人自主权。借鉴《福建省职业教

育校企合作促进办法》扩大职业院校选人用人自主权的政策举措，我省应切实提升职业院校在教师招聘中的自主权并突出技能特色，根据职业院校专业设置变化快的特点，对教师编制实行动态管理，预留部分动态编制专门聘请急缺的既懂理论教学又懂实践操作的“双师型”教师，形成动态“双师型”教师编制管理模式。

二是加强师资队伍建设。结合我省产业发展趋势和分配的高职扩招指标，根据在校师生规模等适时适度增加教师中高级职数；建立教师培养培训机构，通过产教融合、校企合作等方式，着力培养“双师型”教师；改革教师人事制度，积极引进行业企业和民间的能工巧匠充当兼职教师；建立系统化的职业教育教师培养和进修制度，改革教师的评价制度、晋升制度、评聘制度、福利制度和研修制度，确保教师的专业化发展。

三是优化教师收入分配机制。为进一步激发职业院校教师主动贴近市场，为企业、为社会、为市场服务的积极性，可学习借鉴深圳市等发达地区的做法，将职业院校面向企业、社会和市场提供技术服务、技能培训等获得的收入，除去必要的成本后，以一定的比例奖励给参与的教师个人。

（三）突出地方特色，设置专业群

一是打造一批特色优势产业相关专业。围绕我省对技术技能型人才的市场需求，充分发挥自身的专业优势与行业特色，遵循同一区域学校间特色发展、错位发展、差别化竞争的理念，进一步优化专业布局结构，以航空、电子信息、装备制造、中医药、新能源、新材料等重点领域的品牌专业或重点建设专业为核心，带动相关、相近专业的共同发展，以促进专业建设水平的整体提升，增强专业服务产业能力。

二是打造一批农村农业实用技术类专业。江西农业工程职业学院等职业院校应紧紧对照农业农村现代化发展需要，增设实用性农业技术和农业经济课程，以及适合农村经济社会发展的其他课程，包括农村工业、文化、社会、建筑、规划、法律、旅游等方面，为乡村振兴培养专业化的青年人才队伍。

三是打造专业品牌。建立专业设置动态调整机制，根据教育质量评估和学生就业情况，淘汰落后专业，增设市场急需专业。紧紧围绕我省经济社会发展需要，打造一批满足产业发展需求，并能发挥辐射作用的骨干示范专业，建成一批具有江西特色、全国知名的品牌专业。

（四）深化产教融合发展

一是形成校企合作机制保障合力。建立健全政府部门、职业院校、企业、科研机构等多方参与的产业大联盟机制，促进教育链、人才链、产业链的有机融合。成立由教育部门、行业协会等不同主体参与的评估机构，构建科学合理的校企合作评估指标体系，对校企双方进行严格的监控和考核评估，重点评估各方是否严格遵守国家的政策法规和对地方、区域经济的贡献力度，推广成功的校企合作模式和经验，建立科学的评价体系。

二是优化校企合作内部治理结构。深化校企合作、产业融合应把职业院校自身建设放在主体地位，路径上可借鉴天津现代职业技术学院与海鸥手表公司开展校企合作的经验，建立校、院、系“三会共管”管理体制，即学校层面由学校与行业企业组成校企合作董事会，院（系）层面由院系和合作企业组成校企合作理事会，专业层面由专业带头人和企业技术骨干组成校企合作专业指导委员会，三个层级相互配合，从宏观到微观，从长远规划到解决现实问题，构建较为完善的校企合作管理体系。

三是出台组合式激励政策发展一批产教融合型企业。认定一批产教融合型企业，推出“金融＋财政＋土地＋信用”组合式激励政策，将产教融合项目列入各级政府预算，或设立产教融合专项引导基金，对产教融合项目在基础设施建设、设备购置、技能培训等全过程予以补助，允许学校将土地、校舍、设备等用于产教融合项目。

（五）筑牢人才成长“立交桥”，打通技术技能人才发展通道

一是进一步打通职业院校学生升学的通道。加强对中高等职业学校专业设置、人才培养目标、课程建设、考核评价等方面的衔接与沟通，畅通普通高中毕业生选择上普通本科、职教本科或专科的路径，实现职教和普教资源共享，课程互通，学分互认，构建“中等职业教育—专科层次职业教育—本科层次职业教育”衔接贯通的现代职教体系。

二是提升职业教育集团的综合服务能力。江西现代职业教育集团、江西旅游职业教育集团等应以健全课程衔接体系为重点，推动集团成员学校的人才培养目标、专业布局、课程体系、教育教学过程、行业指导、校企合作等的衔接，进一步拓宽学生从中

职、专科、本科到研究生的上升通道。根据我省产业发展需求，以江西航空职业技术学院为主体成立江西航空职业教育集团、以江西软件职业技术大学为主体成立先锋软件教育集团等新的职业教育集团，以更好培育并服务未来产业发展所需人才。

三是强化“工匠”精神的培育。职业院校毕业生的思想品德是最重要的质量，也是企业的核心竞争力。因此，职业院校在教学过程中必须持续强化德育工作，充分利用德育课、专业课和实习实训环节，强化工匠精神的培养，将职业道德、职业意识、职业技能、人文素养教育贯穿于人才培养的全过程，实现学生的人文精神和职业素质的双向塑造。

（六）加强宣传引导，提升技术技能人才的社会地位

一是消除对职业院校毕业生就业歧视。进一步完善禁止对职业院校毕业生就业进行歧视的政策，加大对违反用人政策单位的查处力度，有效维护职业院校毕业生就业合法权益。加强职业院校毕业生就业服务，加大对职业院校毕业生创业的扶持力度。我省大学生村干部、“三支一扶”等招考条件中，可适度放宽对职业院校毕业生学历的招用限制。

二是提高技术技能型人才经济待遇和社会地位。深化人事制度改革，完善收入分配制度，提高技术工人待遇。鼓励企业提高技能人才收入水平，建立健全高技能人才技能职务津贴和特殊岗位津贴制度。完善就业准入制度，对从事涉及公共安全、人身健康、生命财产安全等特殊工种劳动者，必须从取得相应学历证书或职业培训合格证书并获得相应职业资格证书的人员中录用。

三是加强对职业教育的宣传与正面引导。加强对高素质劳动者和技术技能型人才的先进事迹和重要贡献的宣传，不断改变社会对职业教育的偏见，提高职业教育的社会影响力和吸引力。可在普通中小学开设职业知识和劳动技能课，养成青少年良好的职业观念和劳动习惯。职业院校可以向中小学学生、家长及社会开放，使其逐步形成对职业教育的正确观念。

江西省宏观税负水平的变化特点、趋势研判及合理化对策*

李春根　赖文军　徐建斌　王雯

宏观税负水平的合理化是现代财税制度的重要体现，也是打造市场化、法治化、国际化营商环境的必然要求。基于此，在广泛调研与集中研讨的基础上，本研究报告重点分析了“十三五”时期我省宏观税负的变化特点、“十四五”时期宏观税负水平趋势研判，提出合理化对策建议。

一、“十三五”时期江西省宏观税负水平变化特点

以大规模结构性减税降费为核心的税制改革成为我国“十三五”税收政策的显著特征，这对我省的宏观税负水平产生了深刻影响。

* 本报告获得江西省政协副主席、党组副书记陈俊卿重要批示；本报告刊发于《江财智库专报》2022 年第 5 期（总第 261 期）。

（一）小口径视角下的“十三五”时期宏观税负水平变化特点

根据统计部门与财政部门公布数据计算发现，“十三五”期间，我省小口径宏观税负呈现下降趋势。如图 1 所示，2016—2018 年，宏观税负呈现平稳态势，处于 14%—14.5%。但在 2019 年与 2020 年，宏观税负呈现出明显的下降趋势。具体而言，由 2018 年的 14.43% 下降为 2019 年的 13.96%，并在 2020 年进一步下降为 13.33%，降幅为 7.6%。究其原因，主要是我省严格按照党中央的统一部署，实施阶段性大规模减税降费，从而导致我省宏观税负水平呈现出下降趋势。

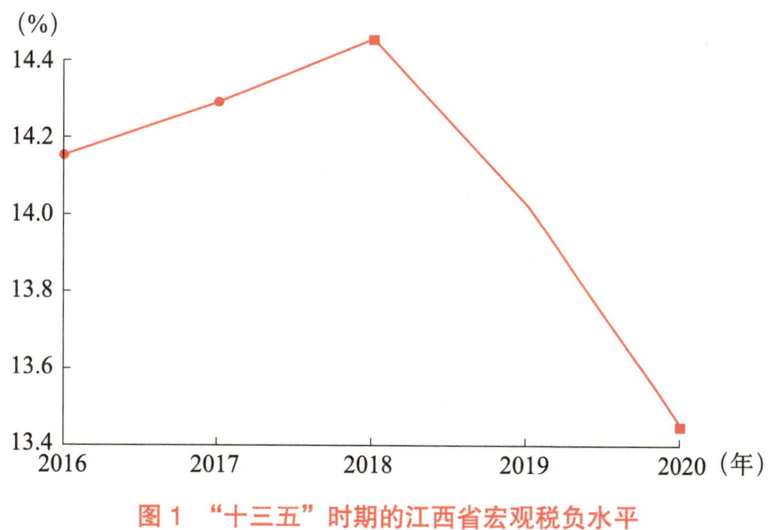

图 1 “十三五”时期的江西省宏观税负水平

（二）产业维度视角下的“十三五”时期宏观税负水平变化特点

“十三五”时期，省委、省政府按照党中央的部署，精准实施逆周期调节，贯彻落实一系列包括减税降费在内的各项扶持政策，这对我省不同产业的宏观税负水平产生了重要影响。表1显示，从横向来看，第三产业的宏观税负水平最高，平均值为16.4%，而第一产业的宏观税负水平最低，平均值仅为0.37%，第二产业的宏观税负水平居中，平均值为14%；从纵向来看，“十三五”期间，我省的第一产业宏观税负水平呈现出下降趋势，第二产业的宏观税负水平呈现出围绕14%波动的态势，第三产业的宏观税负水平呈现出下降趋势。第三产业宏观税负水平的显著下降，有力地推动了我省第三产业的发展，有利于我省产业结构的优化升级。

表1　“十三五”时期江西省三次产业宏观税负水平

单位：%

年份	第一产业税负	第二产业税负	第三产业税负
2016	0.66	13.38	17.61
2017	0.43	13.13	18.01
2018	0.23	14.43	17.38
2019	0.38	14.71	14.98
2020	0.37	14.34	14.18
“十三五”时期平均值	0.41	14.0	16.4
“十三五”时期全国平均值	0.28	19.7	19.2

（三）行业维度视角下的“十三五”时期宏观税负变化特点

“十三五”时期，我省工业、建筑业、批发和零售业、交通运输仓储和邮政业、住宿和餐饮业、金融业、房地产业等七大主要行业的宏观税负水平变化呈现出一定的分化特征。从横向来看，不同行业之间的宏观税负水平呈现出较大的差异性。表2显示，“十三五”期间，上述七大行业的平均宏观税负分别为12.4%、15.2%、21.3%、9.3%、2.0%、17.1%、36.7%，大多数行业的平均宏观税负水平低于全国的平均水平。从纵向来看，不同行业的宏观税负水平变化呈现出明显的差异性。总体而言，服务业宏观税负水平下降幅度显著高于工业。具体而言，以金融业为代表的生产性服务业宏观税负水平由2016年的19.1%下降至2020年的15.4%，降幅为19.4%。以住宿和餐饮业为代表的生活性服务业宏观税负由2016年的2.6%下降至2020年的0.7%，降幅高达73%。然而，工业和批发零售业的宏观税负水平却呈现出上升的趋势。其中，工业的宏观税负水平由2016年的10.1%上升至2020年的13.4%，涨幅为32.7%；批发和零售业的宏观税负水平由2016年的20.2%上升至2020年的21.7%，涨幅为7.4%。

表2　“十三五”时期江西省主要行业宏观税负水平

单位：%

年份	工业税负	建筑业税负	批发和零售业税负	交通运输仓储和邮政业税负	住宿和餐饮业税负	金融业税负	房地产业税负
2016	10.1	21.8	20.2	12.1	2.6	19.1	43.8
2017	11.6	14.0	20.6	10.7	2.2	18.7	37.0
2018	13.3	14.0	22.8	9.2	2.4	16.0	35.1
2019	13.6	12.9	21.3	7.2	2.1	16.2	36.4
2020	13.4	13.2	21.7	7.1	0.7	15.4	31.3
“十三五”时期平均值	12.4	15.2	21.3	9.3	2.0	17.1	36.7
“十三五”时期全国平均值	20.8	14.1	24.7	8.1	3.5	26.5	36.6

二、“十四五”时期发展趋势及宏观税负研判

（一）基于多种因素的宏观税负趋势研判

“十四五”时期是我国“两个一百年”奋斗目标承前启后的历史交汇期，是我省与全国同步全面建设社会主义现代化的开局起步期，也是我省在加快革命老区高质量发展上作示范、在推动中部地区崛起奋勇争先的关键跨越期。因此，对“十四五”甚至更长时期内的宏观税负水平展开趋势研判，需要基于多种因素和多个维度同步考量。

1. 从经济发展来看，宏观税负计算公式中的分母 GDP 将稳步提高

面对复杂严峻的国内外环境，我省经济总体保持恢复态势，主要宏观指标处于合理区间，在总体“稳”的基础上继续向着高质量发展“进”，为实现全年经济社会发展目标打下了良好基础。同时，产业结构不断优化升级，绿色低碳产业、新技术产业与战略性新兴产业将成为经济增长核心动力。数字技术与实体经济的深度融合，也将催生大量新产业新业态、新模式，使得数字经济已然成为经济增长的新动能。这些都显示出我省宏观经济长期向好的大势不会改变，也必将会在高质量发展的轨道上行稳致远。

2. 从税制结构来看，未来宏观税负将更趋公平

《建议》明确提出，“十四五”时期要“适当提高直接税比

重”，习近平总书记指出，“要在高质量发展中促进共同富裕，正确处理效率和公平的关系，构建初次分配、再分配、三次分配协调配套的基础性制度安排，加大税收、社保、转移支付等调节力度并提高精准性，扩大中等收入群体比重，增加低收入群体收入，合理调节高收入，取缔非法收入，形成中间大、两头小的橄榄型分配结构。”由此可见，“十四五”时期乃至今后更长一段时间内，税制结构与税负水平都会更趋公平。

3. 从税收征管来看，征纳效率将逐步提升

“十四五”时期我国将进一步深化税收征管改革，更加突出服务高质量发展和系统贯通的合成理念。坚持全球视野，把对标国际一流贯穿始终。当前，我国正在开启以数据深度挖掘和融合应用为主要特征的税收征管智能化改造，计划通过1—5年的努力，基本建成以税收大数据为驱动力的具有高集成功能、高安全性能、高应用效能的智慧税务，推进税收征管和服务流程全方位创新变革，实现纳税人从“被动遵从”到“主动遵从”到“协同遵从”的转变，从而进一步提高征纳工作的效率，降低征纳双方的成本和费用，增加政府收入。

（二）我省宏观税负水平动态变化趋势

基于以上因素分析，按照兼顾当前和长远的原则，“十四五”时期，甚至到“十五五”“十六五”时期，可以预测我省宏观税负水平会呈现以下变化趋势：

1. 短期内宏观税负水平趋于稳定

虽然当前经济呈现稳定恢复增长态势，但疫情变化和外部环

境存在诸多不确定性，随着减税降费政策的持续推进，财政收支紧平衡的状态将持续一段时间。近期要巩固拓展疫情防控和经济社会发展成果，更好地统筹发展和安全，扎实做好“六稳”工作、全面落实“六保”任务，科学精准实施宏观政策，努力保持经济运行在合理区间，坚持扩大内需战略，强化科技战略支撑，扩大高水平对外开放等工作任务。尽管经济面临较为复杂的阶段性、结构性和周期性问题，但我们有办法、有能力稳住持续恢复态势，保持战略定力，不断增强经济内生动力。因此，“十四五”前期，在这种“财政减收”和“减税降费”同步实施的特殊情况下，为保障重大战略和重点任务的实现，我省宏观税负将在一段时期内维持稳定水平，以更好地发挥税收筹集财政收入、调节分配格局、促进结构优化和推动产业升级的作用。

2. 中长期宏观税负水平呈下降趋势

经过较长时间的制度调整与政策协调，在“十四五”普惠性减税与结构性增税的协调增效基础上，精准减税降费等纾困政策的刺激效应得以全面释放，必将有效提升企业活力和发展后劲，促进经济平稳高质量发展。一方面，经测算，若将未来 30 年内人力资本质量的年均提升率额外增加 1%，中国大陆人均产出水平将于 2024 年上升至 12448.50 美元，顺利成为高收入经济体；到 2049 年时接近 5 万美元，达到美国的 54.68%。另一方面，国家税务总局局长王军提出，未来要想方设法把名义税率降下来，想方设法把实际征收率提上去，想方设法把偷逃税行为打击掉，想方设法把税费服务优化好，更好营造公平竞争的税收环境。此外，加之数字经济、碳达峰碳中和等政策的长期影响，可以预见，作为具有强劲韧性的超大型经济体，在“十四五”后期，甚至是“十五五”“十六五”时期，我省宏观税负必将呈下降趋势。

综上，基于收支视角，可以预测，“十四五”时期我省宏观税负水平将维持稳定甚至呈缓慢下降趋势。

三、促进江西省宏观税负合理化的政策建议

（一）稳定宏观税负水平

稳定的宏观税负水平不仅是宏观经济治理的重要体现，而且也是一流营商环境的重要内容。“十四五”时期，受疫情冲击、全球经济下滑等多重因素影响，我省财政收入总额将呈现低水平运行态势，但与此同时，由于人口老龄化、地方债务、环境治理等方面的财政支出增长却呈现出明显的刚性特征。因此，财政收支矛盾将是我省未来一定时期内要面临的重大现实问题。故而稳定我省的宏观税负水平需要从收支两端入手。

1. 在支出端，应当严格控制支出总规模，从而为宏观税负的长期稳定奠定基础

具体而言，首先，进一步推进简政放权改革，给政府“瘦身”，进而压缩财政供养人员的相关支出；此外，把党政机关过紧日子作为长期政策方针，并加以贯彻落实；其次，在加大重点领域支出力度的前提下，进一步压缩非刚性支出与公用经费；最后，实施并完善常态化财政资金直达机制，做到“精准滴灌”，提高财政支出的效率。

2. 在收入端，应当保持税费收入规模总体稳定、税费收入增长与经济高质量发展相适应

一方面，要巩固减税降费的成果。在前期大规模减税降费的基础上，未来减税降费的空间已经比较狭小了，此时，应将重点放在巩固减税降费成果上。例如，确保税费优惠政策直达快享；另一方面，依托征管数字化与智能化改革，强化重点领域与重点人群的税收征管，抓好抓实平台经济的税收治理，严厉打击偷逃税行为，将漏征、少征的税费征收到位，做到应收尽收、颗粒入仓。

（二）优化宏观税负结构

合理的宏观税负结构是现代财税制度的重要特征。宏观税负的症结在于结构，而且主要体现为税费结构与税制结构的问题。为促进共同富裕与经济高质量发展，应当从这两个维度，着力优化我省的宏观税负结构。

1. 调整税费结构

在我省政府收入中，非税收入占比偏高，且存在税费替代的突出问题，并对我省的宏观税负产生重要影响。为稳定宏观税负水平并为企业提供可预期的营商环境，需要着力调整我省的税费结构，逐步降低非税收入的占比。第一，清理不合法、不合理的非税项目，强化非税收入的合法性；第二，对于合法的、税费关联度高的非税项目，可以实施费改税，以降低非税收入的占比。例如，教育费附加、社会保险费等可以考虑实施“费改税”；第三，在划转改革实施后，加快推进非税收入征管的信息化建设，

提升非税收入的征管能力，做到应收尽收；第四，酌情降低非税项目的收费标准，以确保划转后的企业涉费负担不发生明显上升。

2. 调整税制结构

以间接税为主体的税制结构不仅放大了纳税能力，而且导致实际的宏观税负水平与社会感知的税负水平存在明显差异。因此，提高直接税比重，下调间接税比重，成为税制结构调整的基本方向。将征税重点逐步转向所得与财富等领域成为未来税改的基本趋势。具体路径包括：第一，择机开征遗产税与赠与税。对财富征税，既是阻断代际不平等的重要手段，也是提高直接税比重的必然要求。因此，在个人收入与财产信息系统与税收大数据平台搭建后，可择机开征遗产税与赠与税；第二，进一步完善分类与综合相结合的个人所得税征税模式，扩大综合征收范围，进一步适当降低中低收入群体适用的税率、扩大适用低税率所得的级距范围。与此同时，强化对高收入与高净值人群的税收征管，依法防控和监督检查相关人群的逃避税行为；第三，进一步深化增值税改革，逐步降低其税收占比。基本方向应当是进一步简并税率，全面清理过渡性减免税优惠，畅通增值税链条并逐步构建现代型增值税。

（三）强化税费征管

税费征管制度是国家治理体系的重要组成部分，税费征管效能是国家治理能力的重要体现。强化税费征管能力不仅是国家治理现代化的必然要求，而且直接影响着宏观税负水平。因此，“十四五”时期，税务部门要顺应人民群众的热切期盼，进一步推进税务领域的"放管服"改革，贯彻落实中办、国办印发的《关于进一步深化税收征管改革的意见》的相关要求，着力推进税费征管的法治化、数字化与智能化，为宏观税负水平的稳定提供征管保障。

1. 税费执法更到位

要以问题为导向，针对执法过程中反映的不规范、不统一、不精确等突出问题，强化依法依规征收税费机制，坚决防止征收"过头税费"，并在前期探索试点基础上，推广并有效运用约谈警示等非强制性执法方式，坚决防止粗放式执法，加强区域间税务执法协同。

2. 税费服务更优化

要针对便利性不够、精细化不足等现实问题，持续优化办税流程，不断压缩纳税缴费次数与时间。另外，要不断拓展"非接触式""非见面式"办税缴费方式，切实减轻办税缴费负担。此外，要充分发挥税收大数据功能，精准分析和识别纳税人缴费人的个性化需求，并在此基础上积极推行个性化服务。

3. 税费监管更严密

针对监管方式不精确、监管领域不到位等突出问题，要建立健全以"信用 + 风险"为基础的新型监管机制，充分发挥社会信用在税费征管方面的积极作用。此外，对逃避税问题多发的行业、地区和人群，要加大监督检查力度，充分发挥大数据的作用，对"假企业""假出口""假申报"等涉税违法犯罪行为，要实施精准有效打击。

总之，现代化的税费征管水平是组织税费收入的基础，也是宏观税负水平稳定的重要保证。

（四）优化财政支出结构

优化财政支出结构不仅是构建现代财政制度的内在要求，而且是促进共同富裕，增强人民群众获得感、提高社会满意度与税费遵从度的重要内容，因而也是稳定宏观税负水平的重要方面。在严格控制财政支出总体规模的前提下，应当着力优化财政支出结构，加大重点民生领域的保障力度，补齐民生支出领域的短板，提高广大纳税人的获得感和社会满意度，进而提高纳税人缴费人的税费遵从度。结合我省“十四五”时期的目标与任务，财政支出结构的重点领域与优化方向如下：

1. 强化财政对扩大内需的支持力度

扩大内需、形成强大国内市场，是构建新发展格局的关键，也直接关乎着广大人民群众的获得感，因此，要加大市政、基础教育、养老项目等方面的财政扶持力度，不断扩大内需，助推新发展格局的构建。

2. 加大财政对区域、城乡协调发展的支持力度

区域和城乡的协调发展直接关乎着乡村振兴和新型城镇化，因此，要加大财政对农村和落后地区的支持力度，以公共服务为抓手，推进城乡、区域公共服务均等化，逐步实现区域和城乡的协调发展，提高社会满意度。

3. 加强污染防治和生态建设的财政支持力度

污染防治与生态建设直接关乎广大人民群众的社会满意度，也是绿色发展的必然要求。在污染防治和生态建设方面，要保持

财政投入的持续性，做到财政支持力度不减。

4. 加强基本民生保障的财政支持力度

要加大对教育、养老、医疗、低保和住房保障等民生事项的保障力度，重点支持养老服务产业与托育服务产业发展，着力解决养老与托育等突出民生问题；对低收入和贫困家庭在婴幼儿养育方面给予专项补贴，保证广大居民在生命周期起点获得基本的健康水平和认知能力。

发挥“一家亲”优势打好示范“六合拳”

——湘赣边区域合作示范区建设的对策建议 *

李春根 贺三宝

自 2014 年江西、湖南两省积极开展湘赣边区域合作先行先试以来，江西以“作示范、勇争先”的精神敢闯敢试，取得了许多区域合作阶段性成果。2021 年 10 月，《湘赣边区域合作示范区建设总体方案》在党中央的高度重视下正式获得国务院批准，成为赣湘两省振奋人心的重大喜讯，也为全国革命老区带来希望和信心。赣湘人民正翘首以盼，两省党委和政府也正踔厉奋发，以国家战略为契机，深入推进湘赣边区域合作高质量发展，引领全国老区发展开辟新的探索和尝试。建议江西应结合本省省情和双方共同愿望，加快推动方案深入实践、实效惠民。

---

* 本报告获得江西省政府副省长重要批示、当代江西杂志转载；本报告刊发于社联智库专报 2022 年第 14 期（总第 136 期）。

一、湘赣边区域合作的独特基础

究源两省独特的合作基础，正是“湘赣一家亲”的3个优势：

一是革命时期彼此信任的深厚情谊。湘赣边区域诞生过革命的火种，从秋收起义、湘南起义、平江起义到井冈山斗争，中国革命一路走来，正是两省人民对共产党的坚定信任，以及执着相信革命同仁、不惜牺牲家人的朴实民风，成就了革命的磅礴发展。革命时期建立的深厚情谊使两省具有彼此信任的信用基础和共同攻坚的发展魄力，这是革命成功的重要因素，也是合作制胜的重要力量。

二是从明清时期至今守望相亲的老表情怀。无论明清时期“江西填湖广”的人口迁移，还是“一个包袱一把伞，跑到湖南当老板”的商业交融，“老表”都是两省民众最亲切、最悦耳的互相称呼。历史上曾是一家、世代沾亲带故的乡缘亲缘纽带，将两省人民紧紧拉在一起，心相交、情相通，拉近合作的距离。

三是山水连依、众多相似的民风省情。两省在地形地貌、风土人情、城乡人口以及经济社会发展等许多方面都有相似点。赣江湘江同入长江，水陆交通纵横交错，赣音湘音无须翻译，文旅资源相通相连，产业经济交融发展，繁荣老区经济、保护绿色生态、推动共同富裕是两省共同的迫切希望和期盼。

湘赣边区域合作还有1个全国革命老区共同的政治优势，那就是党中央“不忘初心、牢记使命”，一直关心革命老区发展。习近平总书记视察江西时强调饮水思源“四个不能忘”，其中提到“不要忘了我们中央苏区、革命老区的父老乡亲们”。中央和习近平总书记对老区极其关心，这是给老区最大的发展红利。因此，江西需要与湖南等革命老区抓住机遇携手发展、快速发展、高质量发展，才能对得起先烈、对得起老区人民。

二、湘赣边区域合作的现状

（一）湘赣边区域合作取得的成效

湘赣边区域合作并非突兀而生，而是在党中央、国务院的深远战略思考和对老区的亲切关怀下，经过赣湘两省自2014年以来共同探索实践逐渐形成的可行发展路径。经过调研，湘赣边区域合作已初见成效，其中江西的成效主要体现在：

一是“一纵四横”格局初步建成。以罗霄山为“一纵”，袁州—万载—铜鼓—修水、上栗—湘东—安源—芦溪、井冈山—永新—莲花、遂川—上犹—崇义等4个组团构成“四横”，南北相连、遥相呼应，形状正如一面猎猎的红旗。当前区域内各基础设施正在连线贯通，为示范区长远发展提供良好基础。

二是合作迈出实质步伐。中国井冈山干部学院与韶山干部学院合作办学、湘赣边政务服务跨省通、浏阳—上栗产业合作园共建、湘赣边金融合作、文旅一卡通推广发行、医疗及中医药合作等一系列协议已完成签约，这说明赣湘两省合作已取得实质性进展。

三是投资兴业势头良好。近年来赣湘两省携手奋战、并肩前进，开展了全领域、全方位的合作，特别是湘商、赣商在两省间相互投资兴业已形成趋势，企业发展兴旺，助推了两省高质量发展。

（二）湘赣边区域合作存在的问题

与湖南全省上下大力推进示范区建设相比，江西示范区发展存在一些亟须引起重视的问题：

一是重视不平衡。《湘赣边区域合作示范区建设总体方案》获批后，各县市对示范区建设的重视程度不一，有些地方仍然存在“画饼难充饥”的肤浅认识，有些地方“上热、中温、下冷”，有的县市习惯于“等、靠、要”，个别县市甚至希望“随舞”而不是“共舞”。

二是措施不平衡。湖南省已经公布了《湖南省推进湘赣边区域合作示范区建设三年行动计划（2020—2022年）》，将推进十大工程和100个重点项目，总投资2897亿元，然而，江西至今未见具体方案落地。

三是基础不平衡。由于地理位置、自身基础等原因，在合作示范区内，江西的14个县区经济实力不平衡，与湖南的10个县区相比，体量上也有较大差距。

三、推动湘赣边区域合作的具体对策

《湘赣边区域合作示范区建设总体方案》已经指明了总体方向，明确了“三区”的发展目标、“一核两区四组团”的空间布局和发展路径。结合总体方案的部署以及当前存在的问题，从思想、产业、资源、数字化、宣传、人才等6个方面提出具体合作建议，打好“六合拳”推动湘赣边区域合作“作示范、勇争先”。

一是思合共向。思想同频共振是合作成功的关键。两省干群若形成合作共识，自然心合劲聚，否则合作就会流于形式成为“空中楼阁”。建议迅速出台中期规划《江西省推进湘赣边区域合作示范区建设发展规划（2021—2025年）》或合作示范区建设的实施方案，作为国务院战略的贯彻落实和江西具体的行动指南。建议以井冈山为示范区核心发挥带动作用，以萍乡为示范区“桥头堡”，先行先试、鳞次推进。共同定期举办湘赣边区域合作论坛，邀请政界、学界和商界人士进行交流，使两省干群了解高层战略思路、基层实际需求、智库专家观点，充分调动思想，动员多方力量。依托井冈山干部学院和韶山干部学院举办干训班，在南昌大学、江西财经大学、井冈山大学等高校成立专门研究机构。鼓励两省干部之间、本省与中央机关干部之间以及机关与企业干部之间双向挂职。建立合作工作考核机制，重视提拔能干、实干、巧干干部。

二是产合共促。产业发展是合作成功的落脚点。合作目标通过产业去实现，产业水平是合作成效的主要检验标准。建议建立赣南、赣西产业园，对接粤港澳大湾区、长江中游城市群。促进两省工商联和商会交流，推进行业合作。两省联合推出特色节庆会展，如世界 VR 大会、国际中药节、国际烟花节、中国米粉节等。建议在保持传统优势基础上重点发展新兴产业，每个县区至少推出 1 个主导产业，如井冈山基金产业、萍乡电子信息产业、宜春新能源产业。力推红色文旅，设立湘赣边文旅集团，县区轮流举办红色文化旅游节；推出罗霄山、南岭等景点的湘赣边旅游一卡通，实现湘赣边全域一卡全年无限次旅游；建立红色研学基地，推进井冈山、甘祖昌与韶山三大干部学院师资共享、课程共建、学分互认、结业证联发。推进现代生态农业合作，鼓励每县区建立 1 个蔬菜基地或农产品生产加工基地，每个县至少挖掘 1 个特色农产品，推动“一县一品”，共同培育和推广“湘赣红”品牌。由于“夕阳红”产业是未来国家扶持、百姓期待的产业，鼓励发展康养产业，实现康养资源区域合作互通，以井冈山、明月山、武功山、铜鼓汤里为区域康养中心辐射周边，甚至吸引长株潭城市群、武汉城市圈以及长三角、珠三角和闽三角的康养人群。发展“辣妹子”和“红妹子”网红产业，加大互联网销售带货和商业文旅推广力度。充分利用罗霄山脉区域山林多的优势，发展经济林木种植和家具加工产业。建议创新生态补偿机制，探索以山林资源为基础的生态补偿机制，推进井冈山、萍乡、赣州、宜春试行生态资源补偿试点，建议在宜春建立碳排放权交易中心；鼓励发展生态治理产业，重点加强河湖水治理和企业污染处理。

三是资合共融。资源、资金、能源是合作成功的基础。首先，推进资源合作，发展公共基础设施，推进水陆更加紧密相通。加快长赣高铁、郴赣铁路、衡茶吉专线建设，邻县之间实现高速县县通。九江、岳阳共建码头，开通井冈山、韶山红色专列和航线，打造株洲、萍乡两省区域物流中心。发起成立红色资源联盟和共享红色数据库，统筹建设、利用和保护两省文化场馆和旅游景点的红色文化资源。其次，推进资本合作。设立专项基金，发行专用债券，鼓励风险投资。鼓励金融机构在合作示范区内设立分支机构，加大对区域内企业，特别是特色行业、中小企业的放贷力度和利率优惠力度，鼓励优质企业争取上市，通过证券市场和债券市场融筹资。做优井冈山基金小镇等项目，吸引国内外资金流入。最后，加强能源和环境保障。支持发展风能、水能、光伏等清洁能源，推进电力输送联网工程，建立区域内电力保障体系。推进城乡供水一体化，加大水利设施改造和污染治理力度，特别要推进农村清洁能源改造、厕所改造和垃圾分类等工程。

四是数合共享。数字化是合作的重要形式、手段和渠道，也是高位助推老区发展的未来方向和示范形式。建议通信部门设立湘赣边“一网通”，区域内长话享受市话资费。加快 5G 网络建设，实现区域内上网费用优惠。设立湘赣边区域合作示范区综合办事中心，实现办事网上“跨省通办”。开通医保社保网络互认报销通道，提高民生办事效率。提升医院数字化水平，与北京、上海、湖南等省市合作发展互联网医疗，每个县区对接 1 个省内省级三甲医院和省外省级三甲医院。对于区域内可交换数据实现便捷共享共通，数据交易享受区域共同优惠政策。共同发布湘赣边区域合作示范区统计年报，构建湘赣边区域合作发展指数、数字经济指数、营商环境指数、社会治理指数。成立网上开发区，吸引数字型企业入驻，实行园区税费优惠政策。鼓励在各组团中建立 VR 小镇、元宇宙小镇、区块链小镇、数字教育小镇等新型特色小镇。扶持一批数字型企业，鼓励“数字 + 文旅”“数字 + 工业”“数字 + 贸易”“数字 + 农业”“数字 + 教育”等发展模式。大力提升工业互联网水平，提高企业国内和国际竞争力。

五是宣合共推。宣传既有强大的号召力，也能产生良好的示范效应。示范区方案公布时间已近半年，示范区内县市宣传力度不一，部分县区宣传力度不够大，须防止出现“上热、中温、下冷”的局面。建议建立宣传合作机制、宣传部门会商机制，利用融媒体等手段和平台，开展多元化、立体式宣传。设立湘赣边区域合作示范区网站、专刊，在两省主流媒体设置专栏对合作示范区进行常态化报道。两省每年定期共同举行新闻发布会，与其他老区省份共同举办老区合作交流会，宣传湘赣边区域合作示范区的动态、成果和经验，推出一批湘赣边区域合作示范区的先进县市、示范企业、优秀干群典型，在两省和国际国内发出湘赣边区域合作的“好声音”。同时，也需要更多专家和有识之士“会诊把脉”，听取外部声音，共同探讨合作示范区健康发展路径。

六是人合共为。人才是合作成功的保障。两省自古至今倡导读书，人才辈出，不过不少人才外流，为他人作嫁衣。建议每个相关县市均设立区域合作专门机构、专门队伍，制定合作发展人才规划。密切两省高等教育的交流与合作，建立两省高校对口合作机制，合作申报院士工作站、博士后科研工作站等科研基地和科研项目。每个本科高校和高职院校对接 1 个帮扶县区，提供高层次人才和职业化人才。鼓励高校设立相关产业学院，培养合作人才和专业人才。设立区域合作人才交流中心，建立人力资源一网通，协调调配大学生就业和劳务用工，鼓励设立人才服务和劳务派遣公司，畅通人才就业和农民工找工作渠道。建议利用赣籍学子团工委等青年组织，鼓励号召省外赣籍学子回乡创业就业或者牵线招商引资，并给予人才补贴、房补等特殊政策支持，汇聚全国人才资源。鼓励两省中小学工作交流、师资交流、课程共享，开设中小学名校分校，实行区域内就业的大学生和农民子女就近入学入园，共同发展基础教育，为育人提供后备力量。

四、湘赣边区域合作的建议路径

一是目标递进。建议以 5 年为期，设立近期目标和中长期目标，以及具体工作推进时间表，以利于政府通力合作和百姓共聚合力。

二是以点带面。可考虑井冈山和示范区内 4 个组团联合，每个组团设立合作先行先试县市，给予优先发展政策，配套考核奖惩机制，充分发挥“桥头堡”作用。

三是重点突破。结合示范区内江西 14 个县区的实际情况，以文旅康养和“湘赣红”农产品为突破口，快速实施推进示范区重点产业和重点工程，让中央和人民看得见合作成效。

四是圈层示范。先是两省示范区形成红色旅游景点连珠成串的“红连珠”格局，再与湖北、福建、广东形成“红五星”，再到全国示范“老区一片红”，真正体现示范作用和中央的决策用心。

潮平两岸阔，风正一帆悬。曾在革命时期共同发挥关键作用的江西和湖南，新时代是否能够抓住湘赣边区域合作示范区国家战略的历史机遇，成为老区发展的排头兵，全国拭目以待。江西人民定将铆足干劲加油“赣”，发挥智慧实干巧干，向党中央和全国交上一份满意的示范区建设答卷。

双“一号工程”战略下南昌市公共资源交易营商环境优化路径*

李春根　汤萌　李文佳

“十四五”开局，江西省正在大力实施全面建设社会主义现代化江西精彩华章的重大战略部署——双“一号工程”。公共资源交易作为现代市场经济重要组成，既是数字政府建设的一部分，是数字经济“一号发展工程”的试验田；又是营商环境评价核心指标之一，是营商环境“一号改革工程”的责任田。它连着市场的供给侧和需求侧，其营商环境的优劣会对市场主体活力和资源要素开放流动产生巨大影响。据中国社科院《江西营商环境第三方评价报告》，南昌市营商环境与省内其他10个设区市相比，在纳税、跨境贸易、获得信贷等指标上有显著的比较优势，但在政府采购、招标投标等公共资源交易指标排名不够理想。南昌市要补齐营商环境建设短板，加快推进双“一号工程”战略实施落地，扛起江西创建全国政务服务满意度一等省份的省会责任，成

* 本报告获得江西省常务副省长梁桂重要批示；本报告刊发于《江财智库报告》2022年第28期。

为区域性营商环境标杆城市，建议从法治环境、市场环境、服务环境、人才环境等方面，优化公共资源交易营商环境，打响江西“办事不用求人、办事依法依规、办事便捷高效、办事暖心爽心”的营商环境品牌。

一、南昌市公共资源交易营商环境现状

（一）南昌市公共资源交易营商环境建设成效

近年来，南昌市坚决扛起省会责任，把优化营商环境作为南昌高质量发展的“生命线”来抓，通过降成本、促规范、提效能、优服务等多项举措，着力打造高效规范、公开透明公共资源交易营商环境，不断提升市场主体满意度和获得感。成效主要体现在：一是持续降低主体交易成本。取消了场租费、信息发布费、工程建设项目综合服务费、政府采购项目中标服务费，产权交易手续费、竞价服务费在减半后再减 10%，南昌公共资源交易中心每年为市场主体减少直接交易成本不少于 2000 万元。二是不断提升交易服务效能。积极推行项目服务网上受理、交易预约、首问负责、一次性告知、限时办结等举措和岗位一眼清、咨询一问清、资料一站清、收费一单清、评价一键清的“五清”服务制，做到了交易项目一网通办、高效办结。三是深化共享助推交易公平。南昌市联合 30 个省市异地交易中心签署《公共资源交易跨区域一体化合作意向书》，打破区域壁垒、行政壁垒、信息壁垒。与长沙、武汉、合肥共建跨省交易区块链平台“长江

链”，协同长沙率先在全国开展“5G+区块链”远程异地评标，有效规避了评标专家易被“围猎”的风险。

（二）南昌市公共资源交易营商环境存在的问题

对标中国营商环境评价体系，对照创新试点先进城市，南昌市公共资源交易营商环境主要存在四个方面问题：

一是法治环境方面，多头监管增加成本。制度成本过高一直是公共资源交易的一大痛点。按照现行法律法规，招标投标、政府采购综合管理由发改、财政部门负责，行业监督又由住建、水利、交通、自然资源等部门履行，这种多头监管的局面必然造成交易缺乏统一的监管尺度和标准，使得市场主体无所适从。加之南昌市由于体制、机制等原因，目前公共资源交易综合管理部门为发改委公管科，机构设置层次较低，而交易中心又归市政数局管理，公管科在协调行业监管部门、管理交易中心时难度较大、障碍较多、作用较弱，难以履行好牵头抓总职能。客观上也造成了各行业部门各自为政，为违法行为提供了土壤，影响了营商环境法治化建设。

二是市场环境方面，交易市场化不均衡。从江西省公共资源交易网公布的数据看，南昌市公共资源交易平台（中心）还未实现全覆盖，有的交易还游离在统一市场之外。房建工程、政府采购、国有产权等多数常规项目都纳入统一平台进场交易，市场化配置情况较好。但药品采购、碳排放权、排污权等项目尚未进入交易中心，所属县区的政府集中采购也未按法律要求由独立的非营利的事业法人作为集中采购机构开展，有些像店面租赁、经营权之类的项目还存在一定程度上的场外交易情况。南昌市有的行业主管或监督部门的公共资源交易市场化配置意识不强，缺乏应进必进的进场观念，在一定程度上也制约了市场化营商环境建设。

三是硬件环境方面，场所设施老旧不便。南昌公共资源交易中心自2005年交付使用至今已达17年之久，电梯、空调等公共基础设施设备已超出使用年限，老化严重、故障频发，安全性能低。大楼电路、网线、电话等线路均是按10多年前的标准和要求设计建设，容量小、规范差，较难满足5G和区块链条件下的交易需要。监控系统老化、现场音视频资料存储容量有限，保存期限达不到江西省《交易中心场地建设基本标准（试行）》要求。大多数电子设备陈旧，常出现电脑蓝屏、投影仪死机等问题，影响了正常开评标。加之该中心经费不足，设备设施维修、更新不及时，引起多方交易主体的不满和投诉。

四是服务环境方面，交易服务效能不高。有的行业监管部门人员认为工作主要是监督，而忽略了投诉受理、处理等服务工作。交易中心在场地安排、交易现场管理见证上服务能力不足，对项目高峰季场地预定难和多占、虚占的矛盾，对专家、代理等人员在中心交易现场的失当行为，都缺乏有效的办法。部分中介代理机构只顾谋求利益，忽视从业者专业素质，临时雇佣一两个毫无经验的人员打理交易现场工作；有的中介代理人员故意违规，未准时到岗、未按规定佩戴证件，甚至现场干扰影响评标专家正常意思表述。有的评（审）标专家不专、名不副实，只想着多要评审费，不严格履责，有的甚至逐利不惜违法犯罪，妨碍了交易的公平公正性，直接导致部分优质供应商、投标企业的流失。

（三）南昌市公共资源交易营商环境问题原因分析

反思上述问题的原因：客观上看，公共资源由政府管理，其公益性的属性本身与市场营利性的属性存在天然矛盾和冲突。但还要看到主观上：一方面，各层级法规制度建设不够健全。目前，我国还缺乏规范统一的公共资源交易法律顶层设计，在《招标投标法》《政府采购法》“两法”并行的情况下，部分内容重叠、条款模糊不清，一定程度上造成不同管理部门管理权或监督权的冲突。南昌市也未及时依据国家、江西省公共资源法律法规，制定对应配套的政策制度。另一方面，“放管服”改革没有系统性深入。目前，南昌还未针对公共资源交易现状进行系统性“放管服”改革。虽然2017年制定下发了《南昌市整合建立统一规范的公共资源交易平台实施方案》，但该文件现在也未完全执行到位。地产交易中心、文化产权交易中心等市属行业公共资源属性的交易职能以及编制人员仍未统一划转。

二、创新试点城市公共资源交易营商环境经验借鉴

2021年国务院先后下发《关于开展营商环境创新试点工作的意见》《要素市场化配置综合改革试点总体方案》明确在北京、上海、广州、杭州等6个城市开展营商环境创新试点，要求试点公共资源交易平台深化共享、拓展功能。南昌市应立足“一枢纽四中心”强省会实际，聚焦公共资源交易学习借鉴创新试点城市

经验。一是北京经验借鉴。法律法规的时效性是公共资源交易领域营商环境优化的重要前提。要借鉴北京每3年定期组织开展存量招投标政策文件专项清理的经验，及时对政策文件更新，形成法规、规章目录并公开，作为行政监管依据。二是上海经验借鉴。机制手段的市场化是公共资源交易领域营商环境优化的关键路径。要借鉴上海引入更多的市场机制和市场化手段的做法，加快向全要素、全资源市场化方向转变。三是广州经验借鉴。信息技术的实用性是公共资源交易领域营商环境优化的基础支撑。要积极参加广州的《公共资源交易区块链平台共享应用合作协议》，加强区块链技术应用，为市场主体提供方便、快捷、保密的交易服务。四是杭州经验借鉴。开展交易的便利度是公共资源交易领域营商环境优化的核心内容。要借鉴杭州推行投标文件解密导入、资格核验等全流程线上操作的经验，使得投标企业不再受时间、场地限制，真正实现企业投标“低成本、零跑路”。

三、南昌市公共资源交易营商环境优化路径

省会强则全省强，省会兴则全省兴。针对上述问题，优化南昌市公共资源交易营商环境要紧盯“作示范、勇争先”目标，深度融入江西省双“一号工程”，以市场主体需求为导向，以市场化、法治化、国际化为原则，以江西省营商环境品牌为指引，以“自信、发奋、齐心”的姿态和“脚上有土、心中有谱”的作风，不断健全法规制度、完善体制机制、加强科技赋能、提升服务质效，在营造公开、公平、公正、公益的良好公共资源交易营商环

境中彰显省会担当。

一是健全交易政策体系，打造依法公开的法治化公共资源交易营商环境。统一的公共资源交易市场必要前提是统一法治。要针对当前南昌市配套政策法规制度较少、效力等级低的现状，整体研究解决工作推进中政策体系建设滞后问题，使公共资源交易运行有法可依、违法必究。要及时补齐缺失的地方性法规、制度、文件，对交易中的行业监督、综合管理、平台服务等作出统一明确规定。要结合国家、江西省法律法规，立足市情实际，抓紧开展公共资源交易工作的大调研、大摸排、大改革，抓紧修订完善各类公共资源交易法规政策制度。

二是革新交易机制体制，打造监管公正的市场化公共资源交易营商环境。抓住打造公平竞争市场环境的牛鼻子，从根源上解决监管混乱缺位的问题。应深化公共资源交易领域“放管服”改革，开展机制体制革新。要打破现行“一科一中心”监管服务体制，组建公共资源交易管理委员会，设立工作部门联席会议制度，界定明晰各部门事项权责。要深化“管办”分离，学习广州、长沙等地经验，将交易中心直属于政府，并设定与政府各部门同级别的机构，确保《政府采购法》要求的公共资源交易中心独立事业法人地位。要探索建立“行业监管、综合管理、纪检监察、群众监督、中心见证”综合监管体系，形成监管资源共享、联动预防监控、联动检查处理机制。

三是严格交易标准规范，打造彰显公益的便利化公共资源交易营商环境。根据江西省《交易中心场地建设基本标准（试行）》，南昌公共资源交易中心对建设大厦场地改造升级或进驻市民中心新场所。可参照广州或长江中下游省会城市交易中心做法，场地约为 10000 m²，满足交易整体性、保密性、独立性要求。各开标、评标场所和设施设备应便捷市场主体、办事群众，部分开评标室还能满足常态化不见面开标、远程异地评标需求。要按照“规范、廉洁、便民、高效”原则，出台服务规范细则，对公共资源交易各类从业人员服务内容、形象、用语、行为进行规范。此外，涉及公共资源交易的政府各部门单位还应民有所呼、我有所应，面向市场主体问需求、送服务，延伸服务范围，提高服务精度。

四是加强交易科技赋能，打造诚信公平的信息化公共资源交易营商环境。南昌市应针对当前全球新冠疫情常态化形势，着眼未来 10 年公共资源交易“上网、上云、上链”远景，充分运用区块链、大数据、信息化等新技术，积极推进公共资源交易各环节全流程电子化。要突破时间空间限制，让数据“多跑路”、投标企业“零跑腿”，推进远程在线开标常态化，实现开标不到场、不见面。要注重大数据赋能应用，推进交易大数据共享，强化交易电子平台的数据统计分析功能，积极开展交易活动的大数据分析与研判。要优化升级交易系统，不断拓展功能，如：开发保证金管理系统软件，实现保证金网上自动收退。

五是强化交易业务培训，打造公共资源交易营商环境建设专业化人才队伍。公共资源交易营商环境是一个共生系统，优化环境首要的是提升执业人员能力素养。监督管理队伍方面，要加强公共资源交易法律、法规、文件的学习，提升依法监督、依规监管的思想认识和专业能力。评标专家队伍方面，要对专家资格申报、入库进行严格认定，健全专家动态评估，强化专家行为量化管理，让库内专家实现动态流动。平台服务队伍方面，牢固树立交易服务人员“互联网 + 服务”观念，通过线上培训、线下实操等方式，提高其利用信息技术处理公务、服务市场的能力。中介代理队伍方面，要根据公共资源交易规则、设备等调整变化，及时组织中介机构代理从业人员培训，开展场内行为评价，规范中介代理机构服务行为。在提升专业素养的同时，还需强化所有从业人员的廉洁意识，不断提升职业道德水平，为营造市场化、法治化、便利化的公共资源交易营商环境提供人才支撑。

江西省平台经济税收治理：现状与对策 *

联合课题组

近年来，随着互联网应用的全面深入，我省平台经济迅速壮大，助推“三新”经济快速成长，也促进了地方经济的良性发展。自2021年《江西省关于促进平台经济规范健康发展的实施意见》出台以来，江西平台经济得到了长足发展，平台经济的税收治理问题也逐渐凸显。江西财经大学、新余市税务局联合课题组利用税收大数据，对江西平台经济的税收治理现状进行了全面系统的摸底调研，找出发展短板，并提出了建议。

---

* 本报告获得江西省常务副省长梁桂重要批示；本报告刊发于《江财智库报告》2022年第38期（总第294期）；课题组组长：雍伟宏、李春根 执笔：王雯、林永亮。

一、我省平台经济发展及税收治理的初步成效

（一）我省平台经济行业规模和经济总量均快速增长

近年来，我省平台经济发展总体态势良好，平台企业数量、行业规模和经济总量随着数字经济的大力发展而快速增长。一方面，互联网用户数量大幅提高，发展基础雄厚。截至 2021 年 9 月，全省互联网宽带接入端口数量达 2617.5 万个，位居中部第 5、全国第 15。另一方面，平台企业茁壮成长，全省数字经济总量突破万亿。2021 年，我省数字经济在疫情下逆势崛起，全省全年数字经济总量达 10378 亿元，同比增长 19.5%。2016—2021 年，全省数字经济规模增长 1.6 倍，年均复合增长率达 20.7%。

（二）我省平台经济助推税收收入较快增长

税收是经济的晴雨表。2021 年我省平台经济自身实现税收 1.1 亿元（不含平台经济促成的交易所实现的税收），同比增长 5.15 倍，比全国税收平均增速高出 424.4 个百分点。2022 年上半年，我省平台经济实现税收 1.3 亿元，同比增长 18.2%，占全国平台经济税收收入的 2.5%。其中，税收收入占比最大的是公共服务平台，高达 46%，体现了便民、高效、非接触的政务服务平台在数字化战“疫”中的重要作用。增速最快的是生产服务平台，高达 199%，高出平台经济平均增速 184 个百分点；其次是科技

创新平台，增速高达 81%；而金融服务平台的占比及增速相对偏低（见表 1）。

表 1　我省平台经济税收情况表

平台类型	各类占比				同比增幅			
	2019 年	2020 年	2021 年	2022 年 1—6 月	2019 年	2020 年	2021 年	2022 年 1—6 月
生产服务平台	3%	32%	3%	8%	180%	196%	-39%	199%
生活服务平台	40%	6%	26%	15%	2664 倍	-96%	2679%	-31%
科技创新平台	39%	9%	16%	25%	102%	-93%	949%	81%
公共服务平台	5%	13%	39%	46%	856%	-30%	1703%	36%
金融服务平台	11%	32%	6%	3%	64%	-18%	18%	-34%
其他互联网平台	2%	8%	10%	1%	724%	-2%	722%	-83%
平台经济小计	100%	100%	100%	100%	260%	-73%	515%	15%

数据来源：江西省税务局税收收入分行业分税种统计报表。

（三）我省平台经济税收治理的实践探索

近年来，全省各级税务部门认真落实党中央、国务院关于促进平台经济发展的系列政策文件，并按照《江西省关于促进平台经济规范健康发展的实施意见》要求，深入推进我省平台经济税收精确执法、精细服务、精准监管、精诚共治。

1. 切实把平台经济税收治理作为扎实稳住经济一揽子政策措施的重要构成

省税务局紧扣全省双“一号工程”发展战略，推出了服务数字经济和优化营商环境的相关税收政策。特别是今年以来，全省税务系统坚决贯彻国家减税降费政策，确保增值税留抵退税在平台经济各市场主体中落稳落好。今年前 8 个月，全省退税降费 1514.4 亿元，平台经济各行业均享受到了税收政策红利。

2. 切实把平台经济税收治理作为深化税收征管改革的重要内容

我省税务系统始终坚持全面落实《关于进一步深化税收征管改革的意见》，并把规范平台经济税收征管作为工作重点。2021 年 6 月，省委、省政府结合我省实际印发了《关于进一步深化税收征管改革的实施方案》（以下简称《实施方案》），提出要把“坚持发展与规范并重，持续跟踪新产业新业态新模式发展动向，以问题为导向完善税务执法，促进依法纳税和公平竞争”作为提升税务精确执法能力的重要内容，同时提出了严密监管利用“税收洼地”逃避税等违法行为的具体意见。

3. 切实把平台经济税收治理作为规范市场经济秩序的重要环节

2021 年，省税务局开展了全省平台经济企业摸底调研，全面分析了近年来我省平台经济税收治理存在的问题，积极研究通过信息化手段加强和创新平台经济的税收征管举措，拓展和深化了税收风险管理在平台经济业务场景的应用，建设了具备信息采集、接口调用、信息比对、风险识别报告和短信互动等功能的灵活用工平台企业风险识别应用场景，有效防范平台经济涉税主体偷逃税、虚开发票等税收风险。

4. 切实把平台经济税收治理作为持续优化营商环境的重要手段

全省税务部门主动采集了平台经济参与者的涉税需求，并及时转化为差异化、个性化、动态化、定制化服务。在充分利用税务总局“全国法人数据库、全国自然人数据库”资源的基础上，依托江西税务大数据智慧服务平台，建设了纳税人跨区域风险提示应用场景，优化了平台经济市场主体政策咨询服务，并及时回应各级人大代表、政协委员关于平台经济的一系列提案。

二、江西省平台经济税收治理存在的问题

（一）平台经济快速发展给当前税收制度改革带来挑战

平台经济线上交易模式、支付方式及税源特征与当前税收制度不匹配，科学界定平台经济业务真实性的税法原则和具体条文缺失，给税收执法带来困扰。一是平台上纳税主体认定难度大，税务部门难以获取在平台上登记的自由职业者的相关有效信息，无法及时准确认定纳税主体并征收相关税款。二是对平台上新型涉税劳动关系缺乏明确的法律规范，税收政策执行存在风险。三是劳务发生地或货物销售地与平台所在地分离，纳税义务发生地的“模糊化”甚至“争议化”导致税收管辖权难以界定，税源与税收收入出现背离。

（二）平台经济交易虚拟化、碎片化给当前税源监管带来挑战

由于平台经济自身的特征，“以票控税”的传统税收征管模式尚不能实现对平台经济领域潜在税收的有效监管。一是日常税源基础管理防线不够严密，造成平台涉税信息获取难。二是委托代征模式加大了征管难度，造成平台扣缴义务难以有效落实。三是平台经济税收风险管理不够严密。地方政府招商引资引入的平台企业良莠不齐，加之平台监控和审核不严，导致部分“三无”（无平台、无人、无账）企业乘虚而入，开展虚假业务骗取税款。四是平台经济涉税犯罪案件日益智能化、隐蔽化、多元化，而当前大数据在税收稽查上的应用明显不足。

（三）促进平台经济健康发展的要求给税收服务带来挑战

当前我省税务部门在服务平台企业营商环境方面仍存在短板，在优化平台企业发展环境上的创新不足。一是税收宣传辅导不到位，难以对平台企业实现深度引导和服务，缺乏针对平台企业的专业税收指引，税收遵从度不高。二是对平台企业税务申报与合规方面的风险提示不够，尤其是在推动全链条发票电子化、强化用户信息安全保障服务等方面缺乏系统考量和个性化服务。三是传统的财税代理服务难以适应平台经济的快速发展，我省甚至存在一些地方代理服务机构以提供“税收筹划”服务为名，为平台企业偷逃税违法行为提供外衣。

（四）深化征管改革新要求给平台经济税收协同治理带来挑战

《实施方案》虽然对深化拓展税收共治格局提出了具体要求，但在执行过程中也存在不到位问题，政府监管方、平台企业及平台参与者三方协同共治的税收治理模式还未形成。一是平台经济法律配套保障机制和协同监管机制尚未建立，加大了基层税务机关执行难度。二是平台经济多部门涉税信息共享机制尚不完善，并未真正实现多部门便捷高效的内外互联互通。三是对平台经济银行资金的流水监控尚未实现。大量现金交易的存在为平台企业参与者隐匿收入提供了便利条件，不利于税收征管。四是平台经济涉税信用体系尚未建立，现有法律对平台经济税收征管支撑不够，无法评价其纳税信用，导致违法失信成本偏低。

三、优化江西省平台经济税收治理的政策建议

平台经济税收治理需要平台运营商、平台上的供需双方、政府监管部门、行业协会等众多涉税主体共同参与。为进一步有力促进平台经济高质量发展，结合我省实际，对优化平台经济税收治理提出以下建议。

（一）强化税收政策法规对平台经济新业态的明确指引

一是研究制定《江西省平台经济税收保障条例》。建议省政

府从立法层面对平台经济的税收征管予以明确，包括平台涉税主体信息定期批量报送义务、平台扣缴的法定责任、税收管辖权等问题。二是规范我省灵活用工人员个人所得税征收管理。制定本省规范性文件指引，简化灵活用工平台涉税业务办理流程，授予平台批量核定代征经营所得个人所得税权限。三是试行对省内平台经济特定经营者增值税定期定额和简易课税办法，支持平台经济做大做强。四是完善平台自然人经营者税务登记制度，允许自然人经营者通过下载税务 App 自行完成线上申请注册，注册地址统一为平台实际经营场所，与平台共享实名登记信息，赋予其纳税人身份。

（二）加强平台经济税收监控力度

一是拓展第三方涉税数据采集渠道，推动内外数据深度融合。打通税务机关与平台之间的接口，构建统一标准、开放包容的数据资源库，大力推进平台经济税收数据跨层级、跨系统、跨部门、跨业务的协同管理。二是打造平台经济税收数据智慧查询系统，强化对用工单位发票痛点、平台财税合规性的风险排查，科学界定纳税人获取收入的来源与性质。三是强化大数据在平台经济税收风险管理中的应用。加强对滥用委托代征的风险监控，提高对网络直播、灵活用工等平台依法代扣代缴相关人员个人所得税执行情况的税务检查，杜绝“网络直播营销”等现代服务业滥用核定征收的问题。四是加强对现代服务业、人力资源、股权转让等税收风险高发行业的风险评估，运用新技术加强平台经济的常态化监管。全面推进平台经济税收征管数字化升级和智能化改造，逐步实现对平台交易中的税款应收尽收。五是加强对平台企业税收违法行为打击力度，重点打击平台经济领域虚增进项骗取增值税留抵退税违法行为，继续开展对网络直播、短视频领域乱象的专项税收治理，严肃查处平台经济领域涉税专业服务机构歪曲解读税收政策、违法利用“税收洼地”扰乱税收秩序等违法违规行为。

（三）优化平台经济税收服务体系

一是创新个性化专业宣传和咨询机制，分行业发布平台经济纳税安全服务手册，通过多种方式在税务局官网、官媒、官微等平台普及纳税知识。二是降低我省平台经济市场主体办税成本，激发市场主体活力和科技创新能力，进一步推进发票全领域、全环节、全要素电子化改革，优化企业开办服务，包括全程网上办理，压减开办时间、环节和成本，实现批量登记等。三是支持平台经济企业数字化转型发展，全面落实支持平台经济的各项优惠政策，推进供应链数字化、智能化升级。四是推动我省平台经济多元化发展，落实国家支持电商、生活服务等平台的各项税收优惠政策，促进我省平台经济在生活服务领域的深度应用。

（四）构筑平台经济税收协同共治体系

以落实《实施方案》和《江西省税收保障条例》为要求，持续深化拓展我省平台经济税收共治格局。一是加强部门合作机制。有效突破传统税收征管的信息“瓶颈”，落实《公共资源交易平台管理暂行办法》，加强与公安、银行等部门的信息协同，推动建立公共资源交易涉税信息共享机制，拓展信息共享的深度和广度。二是持续加强社会协同。发挥涉税专业服务机构作用，支持第三方按市场化原则为纳税人提供个性化服务，规范行业监管，与行业协会合作制定团体标准、行业自律公约。三是持续加强司法保障。建立健全案件会商和联合执法、联合惩戒机制，实现事前事中事后全链条监管，会同公安、海关、人民银行等部门联合开展平台经济打虚、打骗、打假专项行动，严厉打击涉税违法犯罪行为。四是完善社会信用体系，做好对平台的信用监管。注重政府、企业、平台、公民、银行等多元主体共商共建，发挥各主体在打造平台经济信用体系中的突出优势，探索建立平台经济重点领域信用分级分类监管制度，积极引导平台加强内部信用建设。

将江西省重度残疾人按单人户纳入低保的政策建议 *

李春根　秦梓晴　李博文

残疾人是社会中的弱者，重度残疾人（残疾等级为一级、二级的残疾人）则属于弱者中的弱者，其总体生活状况与社会平均水平存在较大差距，需要社会更多的关爱和照顾。中国残联公布的数据显示，2021 年我省持有残疾人证人数为 125 万人，其中重度残疾人为 51 万人，占我省总人口的 1.1%。我省各级党委、政府高度重视残疾人事业发展，把残疾人工作摆在保障和改善民生的重要位置，残疾人事业取得了较大成就。在重度残疾人帮扶中，为 10776 户困难重度残疾人家庭实施了无障碍改造，为 1.2 万名重度残疾人提供残疾评定上门服务工作，重度残疾人的获得感、幸福感、安全感得到显著提升。但是，根据我省现行政策，重度残疾人家庭纳入低保范围须满足“低收入”“支出型贫困”这两个前提条件。受政策限制，非低收入、非支出型贫困家

* 本报告获得江西省省长叶建春、副省长孙洪山重要批示；本报告刊发于省社科联智库成果专报 2023 年第 6 期（总第 164 期）。

庭的重度残疾人无法享受低保待遇，导致这些家庭有走向贫困的风险，不利于社会和谐稳定。笔者经过调研和论证，建议在不受家庭经济收入限制条件下，将我省重度残疾人参照单人户纳入低保，主要依据有以下四个方面。

一、理论依据：重度残疾人是民生保障不可缺漏的重要群体

残疾人事业是中国特色社会主义事业的重要组成部分，保障残疾人尤其是重度残疾人的权益，有助于维护社会和谐稳定。党的二十大报告指出，深入贯彻以人民为中心的发展思想，在幼有所育、学有所教、劳有所得、病有所医、老有所养、住有所居、弱有所扶上持续用力，人民生活全方位改善。“弱有所扶”中的“弱”不应仅局限于绝对贫困，也应涵盖各类处于生活窘迫和存在发展困境的群体。残疾人是特殊社会群体，是弱势群体中的一部分，而重度残疾人作为残疾人中的弱中之弱，无论是物质还是精神上都更需要得到政府与社会的救助和帮扶。

“十四五”规划提出，要进一步加快发展残疾人事业，团结带领残疾人和全国人民一道，积极投身全面建设社会主义现代化国家的伟大实践，共建共享更加幸福美好的生活。为此，我省出台《江西省“十四五”残疾人保障和发展规划》，旨在通过构建多层次残疾人社会保障制度，使残疾人基本民生得到稳定保障，重度残疾人得到更好照护，推动残疾人基本公共服务均等化，确保在全面建设社会主义现代化国家新征程中，绝不让残疾人掉队。

二、法理依据：重度残疾人纳入低保有法律与政策支持

依法保障残疾人享有平等权利和尊严，是中国特色社会主义的重要标志。

第一，《中华人民共和国宪法》第四十五条规定：“中华人民共和国公民在年老、疾病或者丧失劳动能力的情况下，有从国家和社会获得物质帮助的权利。国家发展为公民享受这些权利所需要的社会保险、社会救济和医疗卫生事业。”重度残疾人作为身患重度疾病且丧失劳动能力的群体，应当依法平等享有权利，这是重度残疾人体面而有尊严的生活基础。

第二，《国务院关于印发“十三五”加快残疾人小康进程规划纲要的通知》（国发〔2016〕47号）规定，“生活困难、靠家庭供养且无法单独立户的成年无业重度残疾人，经个人申请，可按照单人户纳入最低生活保障范围”，表明重度残疾人申请最低生活保障，不受家庭经济收入状况影响。

第三，中国残联等26个部门和单位共同制定的《贫困残疾人脱贫攻坚行动计划（2016—2020年）》保障措施中第（二）款规定：“加强社会救助等社会保障政策和扶贫开发政策有效衔接。完善农村低保制度，对符合条件的贫困残疾人实行政策性保障兜底。生活困难、靠家庭供养且无法单独立户的成年无业重度残疾人，经个人申请，可按照单人户纳入最低生活保障范围。”该条款中，也并未与重度残疾人家庭收入状况相捆绑。

上述多条规定为重度残疾人按照单人户纳入最低生活保障提供了强有力的法律与政策支持，重度残疾人依法享有国家给予的救助，不应设置“支出型贫困”“低收入家庭”等附加条件加以限制。给予重度残疾人特殊保护政策，是实质的公平对待，是残疾人不受歧视的重要内涵。

三、实践依据：重度残疾人纳入低保有经验借鉴

据中国残联和国家统计局公布的2021年数据，全国持有残疾人证的一级、二级重度残疾人数为1686万人。其中，广西持证重度残疾人数为64万人，占全省总人数的1.3%；浙江持证重度残疾人数为46万人，占全省总人数的0.7%。广西、浙江均有不考虑家庭经济收入，只要重度残疾人或其监护人申请，就能按单人户纳入低保的经验做法。

其一，广西壮族自治区民政厅发布的《广西壮族自治区最低生活保障审核认定操作规程》特殊对象资格条件第八条、《广西壮族自治区最低生活保障办法》第十三条均规定：整户不符合最低生活保障条件的家庭，靠父母或者兄弟姐妹供养的成年无业重度残疾人，在不考虑供养人经济状况条件下可以单独提出最低生活保障申请。

其二，浙江根据《浙江省民政厅办公室浙江省残疾人联合会办公室关于下发残疾人救助政策问答的通知》（浙民办〔2016〕助19号）精神，对依靠家庭供养的重度残疾人和三级、四级精神、智力残疾人单独施保实行分类审批，其中依靠父母和兄弟姐

妹供养的，不考虑供养人的家庭经济和财产状况，均按单人户纳入低保。

四、现实依据：重度残疾人面临压力及可能影响

（一）重度残疾人承受巨大压力

“一人残疾，全家失衡。”与健全人家庭相比，残疾人尤其是重度残疾人家庭所承受压力更大，应对不确定性风险能力更弱，对社会和政策依赖性更强。具体而言，重度残疾人家庭主要面临以下压力。

一是经济压力。一方面，重度残疾人治疗和康复开支较大，高昂的医疗费用是大多数家庭无力承担的。重度残疾人家庭要支付医药费、护理费、康复费等各种费用，即使家中经济状况可暂时支撑高昂费用支出，长远来看难免捉襟见肘。另一方面，重度残疾人在工作选择方面面临劣势，在激烈的竞争中较难就业，家庭收入来源自然减少。如果又恰好是独生子女家庭，那么一家三口中可能仅有一人挣钱养家，家庭平均收入更会大幅下降。按照目前我省政策规定，非低收入和非支出型贫困家庭中的重度残疾人无法按照单人户享受低保待遇，绝大部分支出和照顾责任由家庭承担。或许在短期内不会暴露出明显的问题，但长此以往必然造成家庭收入与支出之间的巨大缺口，将难以维持收支平衡，大大降低重度残疾人及其家庭成员的获得感、幸福感和安全感，影响家庭的和谐稳定。

二是身心压力。相较于经济压力，心理压力难以用数据进行衡量和测算。一位智力残疾二级孩子的母亲表示："他人的理解只是口头理解，事情没有发生在自己身上是难以感同身受的。"社会对重度残疾人的歧视依然存在，因为疾病所带来的身体上或行为上的异常，使这些重度残疾人及其家庭常常遭受社会异样眼光，社会舆论在无形中加重了他们的精神负担。照顾重度残疾人是一项费时又费力的工作，随着照顾者年龄的增长，不但要为自身健康担忧，还要照顾残疾人日常生活，在长期巨大心理压力催化下，加速了照顾者衰老速度，促使其身体健康每况愈下。

在内外双重压力影响下，家庭抵御风险能力下降，最终可能使得重度残疾人家庭稳定性遭到破坏，影响到整个社会的和谐发展。因此，重度残疾人及其家庭需要更多的社会关注和制度关怀。

（二）可能引发影响

公众在情感上更倾向于弱者，弱中之弱的重度残疾人群体更能激发公众情绪。因不符合当前低保政策文件规定驳回重度残疾人申请低保的要求本是按章办事，但现实中个别基层人员表达出"谁生的孩子谁负责""政策是这样规定的，要是认为不合理，应该去告文件的制定部门"等消极言论作为回应，表达权利诉求渠道不通畅很可能激化社会矛盾，影响社会和谐。如果忽视这些苗头，当消极舆论引起大量民众关注甚至认同时，将使政府部门处于被动位置，增加治理难度。

基于以上分析，我省可以学习借鉴其他省份做法，对重度残疾人参照单人户纳入低保的标准作进一步调整，与其他省份步调一致，加快完善我省多层次残疾人社会保障制度，帮助重度残疾人共享经济社会发展成果，共富路上绝不让一个残疾人掉队。

新时代绿色税制助力江西经济社会发展 *

国家税务总局江西省税务局　江西财经大学联合课题组

自党的十八大提出“大力推进生态文明建设”以来，我国绿色税制建设步伐明显加快，全党全国推动绿色发展的自觉性和主动性显著增强，实现了绿色税制和绿色发展的“协同推进”。江西全省始终牢记生态文明“国之大者”，紧抓政策机遇，借助绿色税制“东风”，打造美丽中国“江西样板”。本研究报告对党的十八大以来绿色税制助力江西经济社会发展成效展开全面梳理，凝聚“江西智慧”，总结“江西方案”，并进一步提出优化建议。

* 本报告获得江西省省长叶建春、常务副省长任珠峰、国家税务总局副局长赵静重要批示；本报告刊发于《江财智库报告》2023 年第 12 期（总第 313 期）；联合课题组组长：赖竹华、李春根，执笔人：王雯、徐瑶、雍伟宏。

一、新时代江西生态文明建设成效斐然

（一）生态文明示范建设成效显著

目前我省已有24个地区列入国家生态文明建设示范区，数量位居全国第7，连续5年位居全国第一方阵。建成“两山”理论实践创新基地11个，数量位居全国第6。

（二）生态环境改善有序推进

近年来，我省生态环境质量稳步上升。2022年全年全省设区城市PM2.5平均浓度为27微克/立方米，达国家二级标准。2023年全省森林覆盖率高达63.35%，位居全国第二，蓝天、碧水、净土三大提升攻坚战同步推进。

（三）生态经济协同并进

2021年，我省一二三产业结构占比分别为7.9∶44.5∶47.6，GDP增长贡献率分别为7.3%、40.4%和52.3%，逐步建立了以第三产业为主的绿色经济产业结构，开始实现“二三一”到“三二一”的转变。

（四）生态文明成果共建共享

形成了“美丽中国”江西模板，35项改革成果被列入国家推广清单，打响了靖安绿色发展模式、“纯净资溪”绿色产业体系、万安“湿地银行”等特色改革品牌。

二、新时代绿色税制助力江西绿色发展取得的成就

（一）绿色税收促进江西绿色GDP稳步增长

党的十八大以来，我省绿色税收[①]总量和绿色税收占比都稳步增加。十年间，我省绿色税收规模由358亿元提升到613亿元，实现新高；绿色税收占比十年均值达到19.38%，意味着过去十年我省绿色税收占总税收收入的比重接近两成。图1显示，十年间我省绿色GDP[②]稳步增长，从71.5%提升至73.3%，并且始终显著高于全国、中部平均水平，可见，“资源消耗价值”与“环境降级成本”占我省经济增长的比重较低，绿色税收对我省绿色经济发展的刺激效果较为突出。2019年，我省更是以17.6%的绿色

---

① 绿色税收包括环境保护税、消费税、资源税、城市维护建设税、车辆购置税、车船税、城镇土地使用税、耕地占用税等具有生态支持和绿色促进作用的税种，绿色税收水平为绿色税收收入总额占当年税收收入总额的比重。

② 绿色GDP发展水平=（传统GDP−资源消耗价值−环境降级成本）/传统GDP。其中，资源消耗价值采用GDP消耗的标准煤和水计算获得，环境降级成本用当地三废排放处理费用来衡量。

税收占比实现了73%的绿色GDP占比。绿色税收助推我省经济发展不断迈上新台阶。

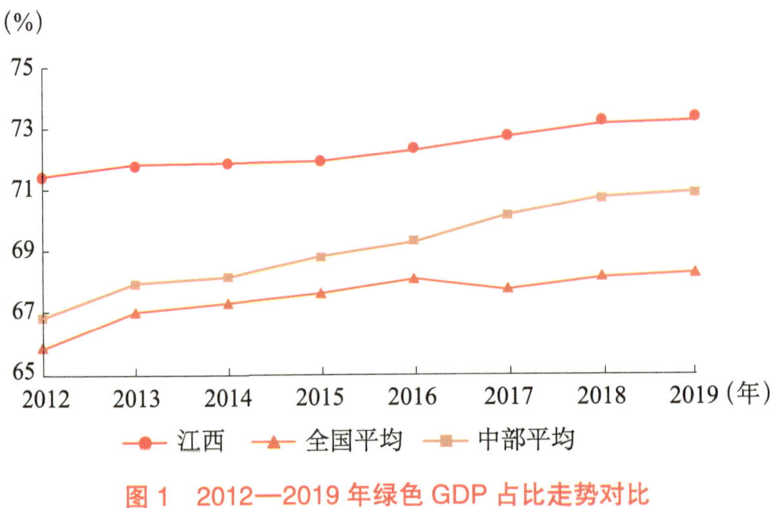

图1　2012—2019年绿色GDP占比走势对比

（二）绿色税收促进江西经济绿色发展转型

十年来，我省新兴产业税收收入增长迅速，互联网和相关服务实现税收由0.89亿元增长至9.53亿元，软件和信息技术服务实现税收由3.43亿元增长至39.23亿元。2022年，我省战略性新兴产业、高新技术产业、装备制造业增加值占规模以上工业比重分别达22.1%、38.2%、28.5%，均比十年前提升10个百分点以上。图2显示，我省经济绿色发展转型水平①远高于全国和中部

① 经济绿色转型发展指数由经济绿色发展水平（包括经济增长、产业结构、绿色福利）、资源环境承载水平（包括污染控制、低碳发展、资源消耗、环境质量）和绿色转型支撑水平（包括基础设施、绿色投资、技术创新）三大要素组成，内含10个方面，共计30个指标，可以更全面衡量地区绿色发展水平。

地区平均水平。十年间我省经济绿色发展转型指数从 0.5 增长至 0.6。我省经济绿色发展水平不断提高，“以税控污”成效逐渐显现，行业企业污染日益减少，低碳产业迅速发展壮大，使得我省绿色税收收入“稳中有降”，逐步实现了用较少的绿色税收撬动更大的绿色发展。

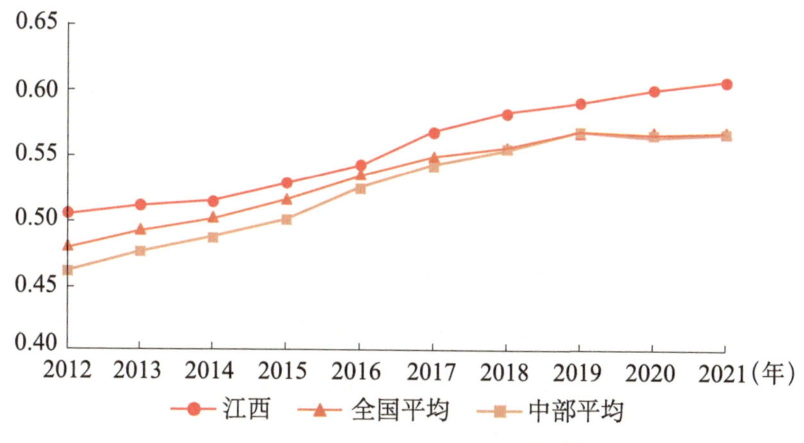

图 2　2012—2021 年经济绿色转型发展指数走势对比

（三）绿色税收推进江西低碳发展，实现高耗能产业绿色转型

十年来共出台 78 个与资源环境相关的税收优惠政策，推动产业结构升级和能源结构调整。2019 年，我省实现了光伏发电增值税退税和风力发电增值税退税的零的突破，2022 年风力发电增值税退税额已达到 4108 万元。图 3 显示，十年来我省二氧化碳排放强度（每万元 GDP 排放的二氧化碳吨数）由 1.48 下降至 0.71，十年降幅高达 52%。不仅总体二氧化碳排放强度显著低于全国和中部地区，下降速度也一直保持领先地位。

在低碳发展目标下，我省严格落实能源消费总量和强度双控

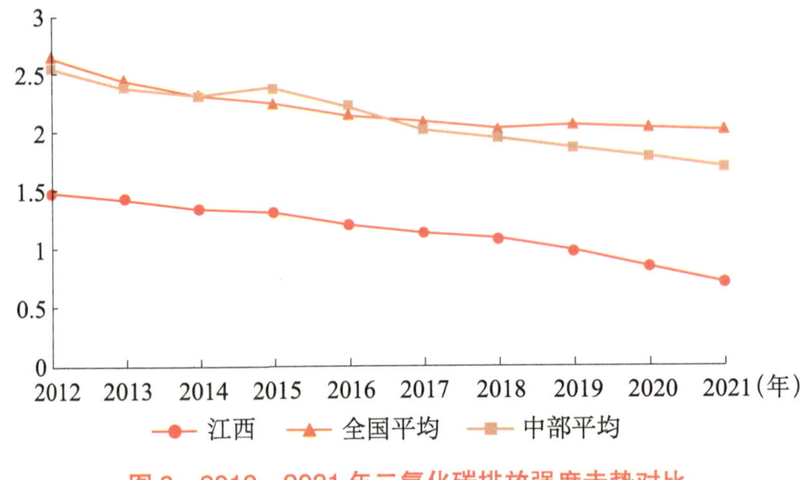

图 3　2012—2021 年二氧化碳排放强度走势对比

目标任务，充分发挥绿色税收的约束性功能，坚决遏制高耗能高排放低水平项目盲目发展，推动高耗能行业低碳转型。表 1 显示，我省高耗能行业的资源税和环境保护税收入基本呈先升后降趋势，这表明绿色税种对高耗能行业的抑制效应开始显现，“以税控污”效果日益明显。与此同时，十年来我省供电煤耗由 330 克标煤 / 千瓦时下降至 299.3 克标煤 / 千瓦时，能耗强度累计下降 31.1%，以年均 4.2% 的能耗增长支撑了 8.4% 的经济增长，也推动了高耗能行业利润的快速增长，部分行业利润由负转正，实现了根本性扭转。尤其是石油、煤炭及其他燃料加工业的行业利润总额由 −6.16 亿元增长为 23.69 亿元。化学原料和化学制品制造业、有色金属冶炼和压延加工业、非金属矿物制品业以及电力、热力、燃气及水生产和供应业等四个行业的利润总额十年增长分别高达 79%、105%、127%、214%。我省高耗能行业已经在高质量发展方面取得了明显成绩。

表 1　　江西省高耗能行业资源税和环境保护税征收情况

单位：万元

年份	石油、煤炭及其他燃料加工业	化学原料和化学制品制造业	非金属矿物制品业	有色金属冶炼和压延加工业	电力、热力、燃气及水生产和供应业
资源税					
2016	2346	5727	44135	14478	37
2017	5740	821	57044	22984	177
2018	2051	929	66209	20919	76
2019	63	2220	52403	12683	1468
2020	126	590	51774	7593	1367
2021	82	565	61140	5727	1188
环境保护税					
2018	469	932	6306	1242	1530
2019	1314	973	9451	1789	1509
2020	951	934	11519	1550	1497
2021	765	1090	8877	1428	1230

（四）绿色税收推动江西先进制造业绿色转型

党的十八大以来，党中央、国务院牢牢把握推动制造业转型升级、助力实体经济发展这一重点，推出一系列的税收激励措施。例如，实施高新技术企业、集成电路企业和软件企业等先进制造企业发展的税收优惠政策，扩大固定资产加速折旧政策的适用范围，持续推进研发费用加计扣除比例由 50% 到 75% 甚至到 100%。十年来我省研发经费投入总量年均增长 17.9%，增速居全国第 1 位。表 2 显示，我省先进制造行业的主营业务收入增长迅速，行业规模持续扩大，行业利润实现了较快增长，实现了量和质的同步提升。值得一提的是，化学纤维制造业的利润总额实现了由负转正的根本性扭转，并于 2021 年实现利润总额 5.35 亿元。计算机、通信和其他电子设备制造业利润总额增长最为迅速，十年增幅高达 628%。而通用设备制造业、专用设备制造业、医药制造业、电气机械和器材制造业、仪器仪表制造业利润总额的十年增幅分别为 157%、171%、157%、205%、169%。同时，增值税发票数据显示，2021 年装备制造业累计购进环保类设备投资金额增长 20.3%，实现较大提升。绿色税收推动了我省先进制造业绿色转型。

表 2　2012—2021 年江西省先进制造行业主营业务收入和利润情况

单位：亿元

年份	通用设备制造业	专用设备制造业	计算机、通信和其他电子设备制造业	医药制造业	化学纤维制造业	电气机械和器材制造业	仪器仪表制造业
主营业务收入							
2012	423.05	299.80	732.90	758.46	66.08	1434.73	80.82
2013	567.33	381.48	904.44	875.44	75.42	1995.25	88.57
2014	652.58	450.87	1153.38	1020.39	77.52	2377.66	1020.79
2015	744.19	509.31	1350.78	1135.22	85.94	2717.18	128.93
2016	820.97	551.45	1778.05	1242.59	87.45	3067.88	153.95
2017	828.12	540.36	2106.74	1312.16	94.94	3108.39	156.41
2018	706.01	469.21	2695.77	1053.08	86.86	2493.31	148.28
2019	849.40	518.28	3366.67	1193.28	98.06	2782.38	150.84
2020	931.73	599.20	4070.58	1321.59	123.76	3162.63	168.23
2021	936.14	716.52	5113.49	1346.20	152.24	4141.72	222.64
行业利润总额							
2012	30.26	23.88	39.18	56.10	−0.56	84.82	6.83

续表

年份	通用设备制造业	专用设备制造业	计算机、通信和其他电子设备制造业	医药制造业	化学纤维制造业	电气机械和器材制造业	仪器仪表制造业
行业利润总额							
2013	42.00	29.50	58.50	63.32	5.72	148.17	8.53
2014	50.61	36.30	73.84	81.35	4.88	172.14	94.67
2015	57.71	39.88	77.58	92.59	4.57	192.89	13.85
2016	64.89	41.07	108.73	105.10	5.43	226.53	15.22
2017	61.82	40.33	127.85	130.18	6.84	218.50	14.57
2018	48.11	35.81	155.13	112.29	1.88	136.75	12.69
2019	61.94	39.71	167.07	121.99	2.98	156.84	12.33
2020	73.56	51.42	200.76	138.62	2.87	162.90	14.50
2021	77.50	65.03	283.82	144.44	5.35	258.55	18.30

（五）绿色税收推动江西资源综合利用行业快速发展

为促进资源综合利用，发展循环经济，我国出台了一系列税收优惠政策。例如，销售自产的资源综合利用产品和提供资源综合利用劳务可享受增值税即征即退，对纳税人开采伴生矿、低品位矿、尾矿可减免资源税，生产符合国家和行业相关标准的产品取得的收入可减按 90% 计入收入，等等。表 3 显示，十年间我省废弃资源综合利用行业的主营业务收入和利润总额增长明显，行业收入规模扩大了 30 余倍，行业利润总额增长了 27 余倍。收入规模和利润的快速增长也带来了可观的税收收入。该行业在 2016 年实现税收收入 17.11 亿元，2021 年则猛增至 85.46 亿元。各行业资源综合利用增值税退税额更是由 1.12 亿元猛增至 164.97 亿元。我省资源综合利用行业发展迅速，实现了环境效应、经济效应和收入效应等多重目标。

表 3　　2012—2021 年江西省废弃资源综合利用行业发展情况

单位：亿元

年份	主营业务收入	利润总额	税收收入
2012	54.28	2.76	—
2013	80.35	4.60	—
2014	1213.83	79.06	—
2015	139.99	8.63	—
2016	161.99	11.03	17.11
2017	295.70	10.41	26.15
2018	473.07	24.73	34.67
2019	631.78	25.75	37.23
2020	824.95	34.00	35.75
2021	1859.90	79.69	85.46

（六）绿色税收促进江西新能源产业发展，深化绿色出行理念

一方面，我国针对新能源汽车持续实施阶段性税收优惠政策，包括对符合条件的新能源车船免征车辆购置税、减免车船税等。表 4 显示，我省新能源汽车行业发展迅速，销售量显著增加，行业规模实现了较快增长。全省减免税额由 2016 年的 2.23 亿元增长至 2022 年的 12.72 亿元，年均增长率为 33.69%。同时，税收优惠还助力培育出江铃新能源、江铃股份、孚能科技、赣锋锂业等排名国内前列的一流企业。2022 年，在宜春时代、国轩高科、吉利动力电池、抚州比亚迪等百亿级投资项目的带动下，我省新能源产业投资增长 30.3%，全省新能源产业营业收入突破

4000 亿元，实现了我省新能源产业的“绿色发展”和“经济增长”的协同推进。

表 4　　2016—2022 年江西省新能源车减免税额和销售数量

单位：亿元、辆

年份	2016	2017	2018	2019	2020	2021	2022
减免税额	2.23	2.88	2.92	2.48	2.63	5.63	12.72
销量	9445	22906	32382	19706	16283	44954	92193

另一方面，在税收政策的支持下，我省加快建立现代化综合交通运输体系，多层次交通运输网络初步形成。十年来，轨道交通实现从无到有，地铁网络化运营实现实质性进展。自 2018 年起，我省城市轨道交通工程建设首次实现税收零的突破，并逐步增长至 2022 年的 1297 万元。城市公共交通运输增值税从 2019 年起首次实现负增长，由 2018 年的 2859 万元到 2022 年的 -157112 万元。十年间，我省两次出台城乡公共交通车辆免征车船税的优惠政策，共减免车船税 6884.1 万元，减免税额主要用于新增公交车辆、车辆环保和安全防护及补助营运亏损等方面，对促进我省城乡公共交通快速发展起到了积极作用。自 2021 年起，全省新增及更换公交车辆新能源公交车达 90% 以上，全省高速公路服务区充电桩设施基本实现全覆盖。全省绿色出行体系得到全面优化，绿色出行基础设施体系进一步完善，居民绿色出行意愿持续增强，绿色税收深化了江西绿色出行理念。

（七）绿色税收提升江西居民绿色福祉

我省税务部门与生态环境部门建立了“环保处罚—税款追

征”常态化管理机制，共同跟进环保大督查工作。全省环境保护税收入由2018年的2.37亿元增长至2022年的2.99亿元，年均增长率5.98%。全省各行业购进污染处理设备款由2016年的4.21亿元增长至2022年的36.29亿元。2022年，我省规模以上工业水电、风电和太阳能发电等清洁能源发电量占全部发电量比重为16.2%，规模以上工业原煤产量下降8.3%，规模以上工业单位增加值能耗同比下降3.4%。2022年，全省空气质量优良天数比率为92.1%，居中部地区第一，高于全国均值5.6个百分点，全省PM2.5浓度降至27微克/立方米，为中部地区最优。自2018年起，全省城市和县城的生活垃圾无害化处理率达到并一直保持在100%，全省城镇污水处理率高达95.7%。截至2022年底，全省累计完成5110个行政村环境整治，122个国家监管农村黑臭水体治理，建成农村生活污水处理设施约7500座，农村人居环境持续改善。

三、绿色税制助力江西绿色发展的挑战与压力

（一）“双碳”目标下绿色税制调控力度还需进一步提升

我省绿色税种税率普遍偏低，尤其是环境保护税、资源税和耕地占用税，2022年三项税种入库税额仅占当年全省绿色税收入库税额的8.76%。以2018年开征的环境保护税为例，全国约占42%的省、自治区、直辖市在“费改税”的基础上提高了征收标准，而我省则平移了原排污费的征收标准，为法定幅度税额中的

最低水平，还有一定的“上浮”空间。此外，二氧化碳、白色污染、森林、草地等均未纳入征税范围，对节能减碳的调控力度有限，激励效应不足。

（二）能源绿色低碳转型还需进一步推进

目前我省能源消费仍然以煤炭为主，比重约 64%，高于全国平均水平约 6 个百分点，而天然气比重仅约 4%，低于全国平均水平近 5 个百分点。省内风能、太阳能、生物质能开发利用步伐较快，但电量占比小、替代能力弱，且后续发展潜力有限，水能资源已基本开发完毕，内陆核电建设形势尚不明朗。总体来看，我省能源体系高碳特征明显，能源结构低碳转型任务十分艰巨，工业能源消耗还有降低空间，“绿电”替代“煤电”有待进一步扩围。

（三）绿色发展理念还需进一步强化

当前我省部分战略性矿产品价格高位运行，受利益驱使，无证勘查开采、乱采滥挖、浪费矿产资源、破坏生态环境、非法占用耕地林地和自然保护地，以及以环境治理、矿山修复、土地整理、工程施工等名义违法采矿行为时有发生，矿产资源开发利用与恢复治理仍需加强规范，企业、居民等各市场主体的绿色发展方式和低碳生活方式还需进一步提档升级。

（四）多税共治及多策组合的倍增效应还需进一步形成

虽然我省积极落实相关绿色税收优惠政策，与部分部门初步实现了数据交换，但多部门协同管理机制仍有阻滞，多税共治及多策组合的节能减排效应还不够明显，信息共建共享平台还需优化，数据交换有待由“定期”升级为“即时”。同时，数字治税背景下还需加快构建省政府区块链税务专域。

四、绿色税制服务江西经济社会发展的对策与建议

（一）争取税收政策先行先试，构建“多税共治”的生态友好型税收政策体系

明确各税种的绿色功能定位，以生态文明建设先行示范区为抓手，在总结“江西样板”的基础上，争取税收政策措施在我省先行先试，进一步促进各个绿色相关税种和绿色税收优惠政策之间有效衔接，实现税种的主辅结合，形成合力，为污染减排、资源节约利用和生态保护等各个方面的调控提供税制保障和税收支持。同时，建议我省积极争取碳税试点，立足“双碳”目标，完善以碳减排为重点的税收政策，有效实现减污降碳税收政策的协同，进而在我省构建“多税共治”先行先试的生态友好型税收政策体系。

（二）因地制宜，推动行业产业全面绿色转型

结合本省产业特色及生态文明建设短板，因地制宜，强化绿色税制对地方绿色发展的刺激作用。根据我省资源、区位优势和在全国区域经济发展中的定位，实行有江西特色的产业政策，完善产业布局，优化产业结构。具体而言，其一，通过税率设计引导使用清洁能源，推动电力部门转型，扭转我省以煤为主的能源结构，加快新型能源对化石能源的替代，在开辟绿色产业新业态过程中创造经济增长点。其二，充分发挥资源税、消费税等的约束和激励功能，推动交通部门转型，扭转以公路货运为主的运输结构。其三，利用税收优惠推动工业部门转型，扭转以重工业为主的产业结构，提高碳排放量过高的资源价格，推进生产方式变革。同时，利用税收激励政策全面推进我省地方产业绿色发展。大力推进“2+6+N”产业高质量跨越式发展行动，抓紧谋划脱碳产业布局，坚定不移抓好航空、电子信息、装备制造、中医药、新能源、新材料等优势产业，大力发展5G商用、“03专项”、VR产业等数字经济，不断推动绿色产业量质齐升。

（三）加大税收政策宣传引导力度，强化国民绿色发展理念

推动绿色税收融入地方导向，促进自然资源的高效利用，做到小税种、大作为，使绿水青山就是金山银山的绿色发展理念成为税收服务生态文明建设和经济发展的方向。其一，优化绿色税

收政策宣传方式，提升宣传效果。其二，加大绿色税收政策解读力度，推广绿色税收的宣传示范效应。其三，凝聚社会绿色共识，通过优化绿色税制、发展绿色税收体系推动全社会树立改善生态环境就是发展生产力的国民理念。

（四）提升绿色税制“多策组合”“多措并举”“多部门协同”的政策效果

其一，进一步理顺不同税收政策间的协同问题，使绿色税收的调节效能更好地贯穿于开采、生产、排放、流通、消费等各个环节，实现“多策组合”，满足不同绿色发展领域的实际需要。其二，进一步加大我省在绿色财政、生态补偿、环境资源价格政策、环境权益交易、绿色金融等方面的创新力度，强化政策实施的能力支撑体系建设，实现价格、财税、金融、土地、政府采购等多种调控手段相互配合，多部门资源整合、职能融合，通过“多措并举”构建多元治理长效机制。其三，以优化绿色税收体系建设为契机，逐步形成与财政、自然资源、生态环境、水利、林草等多部门完善分工协作、督促落实、舆情响应等工作机制，加强信息平台的建设与维护，推进“互联网＋大数据”治税模式的推广，推动形成以政府为主导、“多部门协同”的齐抓共建局面。

景德镇国家陶瓷文化传承创新试验区产业创新发展现状、问题及对策 *

李春根　潘炜　危雁冰

自景德镇国家陶瓷文化传承创新试验区（以下简称“试验区”）上升为国家战略以来，景德镇陶瓷产业进一步创新发展，尤其以先进陶瓷为主的陶瓷产业成为驱动试验区高质量跨越式发展的重要增长极。为充分发挥这一本土特色产业优势，深入推动景德镇陶瓷文化创造性转化、创新性发展，本报告对试验区陶瓷产业创新发展现状及存在的问题进行深入剖析，并提出优化建议。

* 本报告获得江西省省长叶建春、常务副省长任珠峰、副省长陈敏重要批示；本报告刊发于省社联智库成果专报 2023 年第 26 期（总第 184 期）。

一、试验区陶瓷产业创新发展的现状

（一）陶瓷产业发展态势迅猛，先进陶瓷布局速度加快

自试验区建设以来，景德镇陶瓷工业总产值由 2020 年的 432 亿元增长至 2022 年的 665 亿元，年均增长 24.1%；陶瓷税收收入由 2020 年的 3.5 亿元增长至 2022 年的 7.65 亿元，实现了两年翻番；入园企业超千家，其中规上陶瓷企业数量由 2020 年的 121 家增长至 2022 年的 203 家，两年增长了 67.8%；先进陶瓷企业数量达到了 158 家，产值占比也由 2021 年的 9.5% 增长至 2022 年的 19.6%。此外，景德镇注重陶瓷产业数字化赋能，获得了国内首个标识解析二级节点运营授权，打造了全国首家陶瓷行业工业互联网平台，并培育陶瓷电商近万家、网店五万余家。

（二）招才引智力度不断提升，陶瓷人才规模逐步扩大

四年来，全市已建立 9 家院士站、3 家海智工作站，引进各类高层次人才 300 余人，吸引了 3 万多“景漂”，其中“洋景漂”约 5000 人，带动上下游 10 万余人就业。景德镇还依托全市 7 所本专高职院校，大力开展陶瓷应用型学科建设，深度挖掘并释放本土高校陶瓷人才培养潜能。在人才配套政策上，陆续制定了人才政策制度 16 项，涵盖经费资助、项目补贴、转化奖励、优惠

贷款、财税补贴、住房保障等方面，进一步完善了“1+N”政策体系，并推出了“人才贷”“景漂贷”，加大了对包括“景漂”在内的各类各层次人才创新创业扶持力度。

（三）加强陶瓷科技交流合作，构建陶瓷创新研究集群

围绕先进陶瓷产业发展，景德镇与工信部、中科院上硅所、清华大学、哈工大等 27 家单位展开密切合作，促成上硅所陶文旅先进陶瓷材料联合实验室、先进材料与绿色制造技术工信部重点实验室景德镇研究中心、哈工大特种陶瓷研究所景德镇研究中心、景德镇先进陶瓷粉体开发及应用研究中心等以先进陶瓷关键技术研发与成果转化为目标的“一室三中心”在景德镇落地。整合江西省陶瓷研究所和景德镇市陶瓷研究所优势资源，成立了景德镇陶瓷研究院，并先后培育了多家省级科技创新平台。此外，景德镇加强对外合作，引入国外先进技术与研究平台，打造中日先进陶瓷产业合作园。

二、试验区陶瓷产业创新发展面临的主要问题

（一）先进陶瓷发展有待加强，企业数字化程度偏低

一方面，先进陶瓷体量不大，集群发展态势疲弱。目前，景德镇陶瓷产业结构主要以日用瓷与艺术瓷为主，先进陶瓷发展大气候还未形成，其中，2022 年先进陶瓷产值为 130.3 亿元，占陶

瓷总产值的 19.6%，到 2025 年实现打造 500 亿元先进陶瓷产业规模目标的压力不容小觑。景德镇先进陶瓷企业多为中小型企业，大型龙头企业较少，导致产业集聚效应较低，尚未形成良好的产业引领态势。

另一方面，陶瓷产业数字化水平不高，转型任重道远。近年来，虽然推进了陶瓷工业互联网平台、陶瓷产业大数据中心等新型数字化基础项目设施建设，但是试验区内众多小微企业受资金、技术、认知等因素影响，依旧选择传统制瓷生产模式，只有少数龙头企业和市属国企实现了智能化、自动化生产。而同样作为全国陶瓷主产区的醴陵已实现了域内陶瓷企业 70% 以上的智能化、自动化生产替代率。传统制瓷设备数字化程度低、能源消耗大、污染较严重，导致营运成本高、生产效率低等问题。数字技术在陶瓷生产运用方面发挥空间受阻，使得景德镇传统陶瓷现代产业生态构建举步维艰。

（二）高层次人才稀缺，本土人才留不住

一方面，高层次人才和关键技术人才稀缺问题突出。近年来，景德镇有序推进“3+1+X”产业人才认定工作，共认定 658 名高层次人才，其中与陶瓷相关的国家级、省级高层次人才数量占比分别为 6.5%、11.8%，而国内外领军人才极少；从事新材料、新工艺、新技术研发人才也仅占全部陶瓷人才总量的 3%。这将难以满足先进陶瓷以及高技术陶瓷产业发展需求，不利于景德镇陶瓷产业转型升级。

另一方面，本地生源毕业后留景率不高。以景德镇陶瓷大学

为例，2021届毕业生留赣率为48.44%，比当年全省高校毕业生留赣率低9.21%，而到陶瓷相关单位就业比例为26.06%，其中材料、工程、陶瓷美术等相关专业毕业生从事陶瓷行业比例较大，但这些毕业生更倾向去发达地区陶瓷企业就业，留在景德镇陶瓷企业的毕业生数量并不多。尽管景德镇对人才工作日益重视，出台了相关引进政策，但从实际情况来看，景德镇先进陶瓷产业人才力量支撑仍较为薄弱，相关领域科研人才存在较大缺口。

（三）核心技术创新能力不足，制造装备自主化程度不高

一方面，陶瓷核心技术自主创新能力不足，原始创新动力欠缺。受制于科研平台数量少、高端平台筹建慢等因素，景德镇陶瓷创新水平相对落后，陶瓷产业转型升级所需技术、材料等研发进程也相对缓慢，达不到产业向高端发展转型的要求，如一些运用在氮化铝和氮化硅陶瓷上的高性能陶瓷粉体国产化率较低，主要依赖进口。

另一方面，陶瓷制造装备自主化程度不高，制约陶瓷产业智能化发展。先进陶瓷生产对制造设备的精度要求严格，国产化设备安全性和稳定性暂时达不到国外同类产品水平，使得陶瓷生产核心自动化设备和配件主要依赖进口，部分企业为了发展需求，还能勉强承担国外高昂的设备费用成本。例如，景德镇市属国企邑山瓷业于2019年斥资1亿元从德国、日本等国引进了20余套自动化设备以实现陶瓷智能化生产，但其他企业只能望洋兴叹。

三、试验区陶瓷产业创新发展的对策

（一）完善产业链条构建

一要聚焦集群“铸链”，促进陶瓷产业集聚发展。要打造以昌南新区为核心的陶瓷产业基地，发挥昌南新区作为试验区建设、先进陶瓷发展主战场地位，集聚全市、全省乃至全国陶瓷生产企业。在深入调研国内其他陶瓷主产区发展优势基础上，找寻自身发展特色和方向，通过做优做强以氧化铝陶瓷和压电陶瓷为代表的产业链集群，促进试验区陶瓷产业繁荣发展。

二要聚焦招商“延链”，引入一批应用领域项目。以全省推进“1269”行动计划为契机，建立景德镇陶瓷与相关产业链链长、链主的沟通对话机制。借助产业链条平台，发挥全省产业优势，加强省内外合作，及时发现潜在机遇。重点围绕通信电子、新能源、航空航天等先进陶瓷应用领域，加快招引进度，促使重大项目早日落地，关键技术加速突破，重点产品不断涌现。

三要聚焦科技“强链”，实现传统陶瓷产业技术升级。出台景德镇陶瓷产业数字化提升行动计划，对市域陶瓷企业更新生产设备、开展技术升级、进行窑炉改造等制定扶持政策，并配套设置专项补贴资金，促进传统陶瓷产业向数字化、智能化发展，解决传统制瓷业高能耗、高污染等问题，逐步向高端制瓷转型，向绿色产业发展迈进。

（二）加大招贤纳才力度

一要加大陶瓷人才招引力度。重点关注名校院所、头部企业，以现有平台、科研项目、政策条件与业内领军人才、技术骨干展开合作交流，吸引一批高层次人才来景德镇发展，并借助景德镇陶瓷大学行业影响力，进一步挖掘校友资源和社会资源，协同政府定期开展试验区成果分享会、重点项目推介会，促成更多优秀企业家、业内专家学者回景德镇创业发展。同时，通过提高市域内院士工作站以及科研院所研究条件，招引更多人才融入并投身于试验区建设。另外，对于受地域条件限制的人才，可以采取“异地研发、本地转化”的柔性引才模式。

二要加快人才培育输送能力。依托景德镇陶瓷大学、景德镇学院、江西陶瓷工艺美术职业技术学院、景德镇艺术职业大学等本土院校，加强陶瓷相关领域学科建设，建立前沿合作攻坚体系，制订陶瓷人才培养计划，深入推进产教融合发展，着力打造一批实践型、应用型陶瓷人才。通过与地方企业、院所签订就业战略合作协议，提高行业所需人才薪资待遇、工作环境、生活质量，“定向”“订单”式输送人才，促使更多高校毕业生在景德镇就业创业。

三要利用好人才保障措施。在“3+1+X”产业人才政策基础上单独设置陶瓷产业人才发展政策，可以适当降低门槛，制定覆盖范围更广、面向群体更多、政策力度更大的陶瓷人才专项政策，让每一位来景德镇发展的人才有满足感、归属感。此外，还需要充分利用好景德镇发布、瓷都人才服务等相关传播媒介，进一步对外宣传当地人才政策，让更多优秀人才认识瓷都、扎根瓷都、建设瓷都、成就瓷都。

（三）加快创新平台建设

一要聚焦先进陶瓷产业发展，加强“一室三中心”科研平台建设。近年来，中科院上硅所、哈工大特陶研究所等一批院所相继在景德镇落户成立科研中心。着眼于先进陶瓷长远发展，还需进一步加强与国内外院校、科研机构合作联系，发挥政策、环境、平台协同功能，为试验区引入更多优质科研创新平台。

二要着力打造“国字号”科研平台，铸就研发新高地。努力将景德镇陶瓷研究院建设成为具备“国字号”的陶瓷科研专业机构，依托所属高科技陶瓷研究所、窑炉研究所、工艺材料研究所，努力攻克在陶瓷技术、陶瓷设备、陶瓷材料上遇到的“卡脖子”难题，推进陶瓷文化与科技深度融合。加强与高校、企业等科研主体的联系，借助产学研用一体化生态创新体系，吸引更多人才，汇聚更多资源，发挥更大创造空间，进而打造科研发展新平台。

三要加强关键核心技术攻关，突破研发痛点难点堵点。围绕产业发展所需，重点关注先进陶瓷领域，制定核心技术项目，通过“揭榜挂帅”“赛马制”等新型项目组织形式，推动陶瓷生产领域核心技术攻关，增强自主创新能力。

（四）强化配套支持体系

一要发扬陶瓷文化。景德镇陶瓷产业及文化是中国特色世界瑰宝，要把握我国对外传播中华文化关键窗口期，借助景德镇这张独特、亮丽名片讲好中国故事、江西故事，争取更多国际会议、活动、论坛在景德镇举办。同时，积极参与“一带一路”交流与合作，让世界更好认识千年瓷都。

二要加强融资服务。减少融资条件，降低融资难度，为创新创业人才申请的贷款项目开通绿色通道。加快贷款办理速度，并依据项目成熟度、市场前景等提升贷款额度，全面实施贷款贴息优惠政策。此外，还要扩大科创发展基金来源，规范基金使用，让更有潜力的项目得到充分的资金支持。

三要强化财税政策。进一步落实人才补贴、平台补贴政策，对于符合申领条件的个人、企业、机构，及时进行沟通，确保每一笔补贴发放到位。发挥税收激励作用，面向创新人才、创新企业，在设计以所得税减免为主的优惠基础上，挖掘契税、车购税等小税种的激励作用。

四要优化科技服务。一方面，通过建设技术交易市场，完善成果权属、收益分配等制度，深入推动成果转移转化。另一方面，完善科技创新服务平台，做好做实科技企业孵化器、众创空间等，提升科技服务机构建设水平。

余江眼镜产业发展的调查研究和对策建议 *

李春根　仇泽国　潘炜

鹰潭余江是我国著名的“眼镜之乡”，与广东深圳、浙江温州、江苏丹阳、福建厦门等地并列为全国五大眼镜产业基地之一。近年来，余江区坚持产业聚链、招引补链、“品牌”强链，推动眼镜产业从“质变”到“裂变”，吸引了香港上市公司雅视集团、国内老视镜领军品牌万成光学等一批具有国际竞争力的龙头企业落户园区，先后获评国家级外贸转型升级示范基地、国家级中小企业特色产业集群、省级眼镜产业基地、省级重点工业产业集群。为充分发挥这一特色传统产业优势，扬优成势、聚沙成塔，深入推动余江眼镜产业创造性转型发展，本报告对余江区眼镜产业创新发展现状及存在的问题进行深入剖析，并有针对性地提出优化对策建议。

---

* 本报告获得江西省省长叶建春、省人大副主任王少玄重要批示；本报告刊发于《江财智库报告》2023 年第 31 期（总第 332 期）。

一、余江区眼镜产业发展的现状

（一）眼镜产业发展态势明显向好，产业配套基础优化升级

凭借着独特的区位优势、良好的产业基础和深厚的产业文化，余江区眼镜产业主营业务收入由2019年的37.33亿元增长至2022年的100.8亿元，占全区生产总值的比重由24.58%提升至36.53%。全区现有6万余名人员从事眼镜产业，国外贸易网点300多个，出口40多个国家和地区，辐射2000多个城市，销售门店1万余家，销售额达200多亿元。余江区眼镜产业园现有包括雅视集团、新兴集团、恒发光学、文德光学等品牌在内的眼镜生产企业300余家（含香港上市公司3家），其中，生产成品眼镜企业89家，生产眼镜配件及配套企业56家，生产镜片企业8家，配套小微企业100余家，产业工人1.5万余人，已经实现原材料、产品研发、制造加工、贸易流通一体化，正在从劳动密集型向全流程自动化生产、加工制造向智能制造转变。

（二）特色产业集群效应逐步释放，全供应链协同联动高效

余江眼镜园区在老花镜、偏光镜片、原材料方面都有国内大的企业，是除沿海四大老基地以外发展最好的内陆眼镜生产基地，被中国眼镜协会列为沿海产业转移首选地。出台了《关于促

进金融服务园区建设若干政策措施的意见》等政策，设立眼镜产业发展引导基金，启动专精特新中小企业培育金融支持计划，推出“科贷通”“E 企快贷”“账户 e 贷”等 10 余种一站式办理金融产品，“一企一策”制定金融服务综合方案，提升产融互动互促的耦合度、匹配度。2013—2021 年，共举办银企对接活动 38 场、对接实体企业项目 82 个，累放各项贷款 52.24 亿元。截至 2022 年 6 月末，全区眼镜企业贷款余额 15.3 亿元，占全部普惠小微贷款的 48.66%。

（三）政企联动、产教融合优势凸显，产业人才竞争潜力增强

余江区坚持政企共同发力，加大人才引进力度，优化自主人才培养模式。落实落细“新人才 16 条”实施意见，对眼镜产业设立创新创业平台、技能工作大师工作室、人才公共实训基地等给予平台建设补助，同时对于刚性引进人才给予最高 100 万元的购房补贴，并设置了人才专项编制和随迁安置、子女就读等保障措施。2019 年以来，持续推动眼镜企业与鹰潭应用工程学校开展校企见面会，开设了全国首个眼镜制作和研究方向专业，成功搭建了“将专业建在产业上”的自主人才培养模式。2023 年，鹰潭应用工程学校和眼镜相关的 4 个专业毕业生总计近 400 人，60% 直接进入了产业园的眼镜制造企业，还有 40% 进入当地的眼镜店成为工作人员，学生就业供不应求。近年来，入园企业有 14 家成功申报国家高新技术企业，有 6 家获评省级专精特新企业。

二、余江区眼镜产业发展面临的主要问题

（一）产业特色不鲜明，市场持续竞争力有待强化

相比江苏丹阳主打镜片生产、广东深圳突出高档眼镜，温州以外贸订单为主，厦门品牌眼镜众多，余江眼镜虽在制造能力方面有较强提升，但产业特色仍不够鲜明。首先，产业规模不大。余江眼镜园区共有眼镜生产企业300余家，其中规上企业只有34家，而广东深圳、浙江温州、台州杜桥、江苏丹阳和福建厦门等传统产区企业数量均在1000家以上，浙江眼镜企业主体数量更是超过万家。其次，产业结构不全。眼镜园区企业的眼镜产量虽占据全国总产量的18%左右，但除了晶威、雅视、华清、万成光学等品牌工厂外，其他企业多为代工生产，有的甚至是“二手”“三手”的“订单工厂”。最后，顶层设计不系统。对传统产业缺乏整体规划，产业招引重点不突出，在设计、平台、品牌等方面存在短板，中高端产业链不够完善，在产业发展的层次、路径和动能等方面缺乏竞争优势。

（二）内外销发展不平衡，抵御市场风险的能力有待提升

眼镜园区企业所接业务以外贸出口型为主，且生产订单多来自美国、欧洲、韩国等发达国家，对外贸订单的依赖性强。一是

国际竞争形势日益严峻。2019 年，美国政府宣布对中国输美产品加征关税，我国出口的所有镜架及镜片也因此在原来 2%—2.5% 的一般税率基础上，被另外加征 15% 的关税。一批眼镜输美企业选择前往劳动力与土地均相对低廉同时拥有低关税甚至零关税的东南亚投产。二是国内市场仍不健全。眼镜产品在我国行业准入门槛相对较低，企业数量众多但普遍规模较小，上市企业较少。从眼镜行业代表性企业发展布局来看，当前，我国主要眼镜制造企业主要为外资企业，依视路（中国）、卡尔蔡司光学（中国）、豪雅（上海）、凯米光学（嘉兴）等。三是内外销双循环不健全。资料显示，2022 年全球眼镜行业市场规模约为 991 亿美元，亚洲、北美和欧洲市场占比合计近 90%。其中，亚洲市场占比约为 33.37%、北美市场占比约为 27.69%、欧洲市场占比约为 26.18%。单以外贸为主的生产销售格局的企业将缺乏更多竞争机会，不转型必然将面对“生存危机”。

（三）高端设计研发存短板，产业发展遭遇“人才瓶颈”

余江眼镜生产制造企业 80% 属于中小企业，规模以上企业也多为劳动密集型企业，技术研发投入偏低，设计大多为来样加工，缺少自主创新产品。一是技术创新投入不足。一些中小眼镜企业为了维持现有的利益，在生产研究过程中“走捷径”，缺乏自主创新的意识，简单跟风模仿别的企业的研发成果，有的甚至构成侵权，最终导致利润空间受限，难以扩大再生产。二是高端人才的引力不足。相比沿海发达地区，余江在工资奖金、福利待遇、工作环境、生活条件、学习深造、发展机遇等方面很难给予高层次人才心动的待遇保障，眼镜企业难以吸引到高层次的技术型、管理型和创新型人才，尤其是眼镜行业的高尖端人才。三是技术性人才流失。鹰潭市缺乏省市共建的本科类院校，难以就地为企业搭建所需的高水平产学研平台，一些企业只能靠自身技术人才积累进行研发，难以得到补充。长此以往，技术型人才为谋求更好发展会流向其他配套更全面的眼镜产区。

（四）销售供应链接不紧密，集群抱团发展合力需强化

余江眼镜园区生产制造企业的产品以外贸为主，本地眼镜销售团队的门店主要面对国内客户，看似生产销售要素齐全的产业集群，实则面临订单、销售“两头在外”的不利局面。一是品牌创新建设滞后。眼镜产业的很多大厂主要以 OEM 为主，加工利润低，一直做别人的牌子，没有自己的品牌。据统计，仅不到 30% 的企业注册了自己的商标，真正在市场对自己的商标进行推广和运作的企业不足 20%。二是过分依赖外贸业务。2021 年，在温州眼镜出口的主要市场中，出口欧美市场的份额依然占据总出口额的七成，其中出口美国 31.23 亿元，同比增长 49.4%，在所有市场中增幅最大。余江眼镜园区大多是温州眼镜企业，面对国内市场存在的某些不规范经营情形容易知难而退。三是渠道建设落后于产业发展。由于长期以来主要依赖的外销 OEM 和委托加工模式，多数眼镜企业在外销业务中缺乏自己稳定可靠的销售渠道，不少企业完全依赖当地外贸公司的订单讨生活，一旦外部需求下降就不能及时应对，缺乏市场拓展能力。

三、余江区眼镜产业发展的对策

当前，瓯海、丹阳、厦门、深圳龙岗等地区政府对眼镜产业加力推动，重庆奉节眼镜产业园更是出台一系列补贴政策优惠吸引眼镜企业，竞争态势愈加激烈。余江眼镜产业要突破“重围”，就需要发挥集群优势，整合资源，政企共建“眼镜＋服务＋互联网”平台，打造质量与服务双优的“余江眼镜”品牌。

（一）推动产业链条整体升级

一要优胜劣汰“强链”。坚定择优招商，一方面盯紧新兴集团、诚益光学等传统龙头企业，另一方面着眼于近几年成长显著的自主品牌企业，对园区一期低效利用厂区进行腾笼换鸟，将土地和厂房的使用率和产出率提高。对一些成长性强的企业在品牌推广、产品研发方面给予支持，鼓励类似深圳“设计番”的创业企业与余江眼镜共同发展。

二要智能升级“铸链”。实施眼镜产业链优化升级行动，设立以眼镜光学镜片、新材料以及智能眼镜研发等为核心的“余江眼镜产业研发中心”，为企业的研发提供统一服务，推动眼镜企业的自动化研发，降低企业的研发成本，对企业机器换人给予政策支持，着力解决产业抗风险能力不够强的问题，促进形成外销拓展内销通道、外销内销双轮驱动的产业发展特色。

三要工贸结合“延链”。打造涵盖门店、眼视光产业中心、企业产品、研发中心的“眼镜＋服务＋互联网”平台，推出“余江眼镜”saas系统，为眼镜产业全产业链发展提供功能性服务。通过“线上销售＋线下门店＋O2O”模式，整合余江区在外眼镜销售人员、实体店面、眼视光产业中心、眼镜生产制造企业、设计营销团队、产业供应链等资源，优化具有余江特色的产销体系。

（二）构建内外销双循环发展格局

一要加大品牌开发力度。品牌为王，目前眼镜企业外迁主力以产品输美为首，且供应对象多为占产值大部头的国际客户，高端产品制造、服务中小客户以及出口其他市场的企业暂未受到外迁施压。要激励引导企业加大品牌开发力度，运用新材料、新技术及互联网渠道，朝着科技化、时尚化、智能化的方向，不断提升竞争力，打造自有品牌，提供足量的差异化产品。

二要整合产品销售渠道。根据Statista数据，2017—2022年线上销售占比从13.7%增长至23.7%，年均增长达到2pct，预计到2025年，线上渠道的占比将达到28.6%。在链接余江原有线下销售团队的同时，要主动赋能提升线上渠道的运营能力，通过统一集采、统一服务、统一配送、统一售后、统一营销的方式打通工厂到门店的直销渠道，完成从传统眼镜店到眼健康管理机构的升级转型。

三要解决供应链短板。针对眼镜产业供应链当前存在的“有而不优、优而不强”的问题，一方面要加大企业招商力度，积极引进企业上下游的优秀供应商，补齐自身短板；另一方面要加大供应链企业培育力度，设立产业发展基金支持企业技改升级，通过灵活金融服务提升生产保障能力，举办优秀供应商大会增加企业订单，推动供应链企业稳定发展。

（三）建立下沉式服务配套机制

一要完善政企沟通长效机制。定期召开眼镜产业链圆桌会议，及时了解企业的实际困难与诉求，完善相关政策和措施，推动眼镜产业健康、稳定、可持续发展。继续落实驻企特派员工作机制，积极协助眼镜企业解决土地、资金、用工、物流、原材料供应等方面的实际困难和遇到的新问题，切实高效帮助企业渡难关促发展，推动眼镜产业的各项惠企政策落地生效。

二要持续深化“放管服”改革。设立眼镜产业服务专区，着力简化办事流程，优化政务服务，将管理服务职能主动下沉到园区，做到园区企业的事情园区办。积极做好眼镜产业的行业规范、项目建设、税务、环保、口岸通关等相关服务工作，加大学校、医院、公园、运动中心等配套设施建设力度，用心用情用力为眼镜企业提供最优质、最便利、最贴心的服务。

三要搭建企业交流合作平台。加强对国际、国内展览平台的研判和支持力度，推进国际交流合作和全球影响力，努力打造符合行业发展趋势的贸易、技术、信息平台。加强与中国贸促会、中国眼镜协会等组织的联系，积极宣传推介余江眼镜产业，鼓励支持园区企业积极参加国内外重点眼镜展会和眼镜博览会，充分利用好余江区庞大的在外眼镜销售队伍和众多的国外贸易网点等特殊优势，将“余江眼镜”名片不断推向国内外市场。

（四）健全科技创新孵化体系

一要建设“人才飞地”，加大眼镜人才招引力度。重点关注名校院所、头部企业，以现有平台、科研项目、政策条件与业内领军人才、技术骨干展开合作交流，采取“异地研发、本地转化”的柔性引才模式建设“人才飞地”。定期开展科研成果分享会、重点项目推介会，打造眼镜产业高端论坛，促成更多优秀企业家、业内专家学者与余江本地企业深度合作。

二要深化“订单培养”，加快人才培育输送能力。深化校地深度融合机制，瞄准企业紧缺的实践型、应用型眼镜人才，推动本土院校与地方企业、院所签订培养就业战略合作协议，定向“订单”式为企业输送人才。一方面让企业参与到培养环节，让学生所学更符合企业所需。另一方面让专家教师深度了解企业生产研发，科学制定符合眼镜企业发展阶段特点和需求的培育方案。

三要优化“兑现通道”，利用好人才保障措施。单独设置眼镜产业人才发展政策，适当降低门槛，制定覆盖范围更广、面向群体更多、政策力度更大的眼镜人才专享政策，让好的政策可望又可即。实施眼镜产业青年创新创业专项行动，打破行政壁垒，畅通政策兑现通道，给企业和用人单位更大自主权，让每一位来余江发展的眼镜人才可以很方便地申请享受政策。

建筑行业税收风险问题值得警惕和重视 *

王雯　李春根　赵阳

建筑业作为国民经济持续增长不可或缺的组成部分，在促进经济、拉动内需、增加就业、改善民生等方面发挥着至关重要的作用。近年来，江西省建筑业虽取得了长足发展，但在当前外部环境复杂性、严峻性、不确定性上升的背景下，仍面临着诸多困境与挑战，尤其是突出的涉税风险问题。报告依托建筑行业自身发展特点和江西发展实际，详细剖析了当前我省建筑行业必须警惕和重视的多种税收风险，并基于"稳中求进、以进促稳、先立后破"的发展基调，进一步提出防范和化解建筑行业税收风险的对策建议，统筹发展与安全，为稳定全省经济大盘持续发挥重要作用。

* 本报告获得中共江西省委书记尹弘、省纪委书记马森述、常务副省长任珠峰重要批示；本报告刊发于《江财智库报告》2024 年第 1 期（总第 341 期）。

一、江西省建筑业发展现状

2023 年 7 月，我省发布产业链现代化“1269”行动计划，建材产业被列入 12 个重点发展的分产业链中。建筑业作为建材产业的重要中下游应用端，必须进一步提升产业韧性和安全水平，加强产业联动协同，担起“统筹高质量发展和高水平安全”的重要责任，助力全省建材产业链营业收入 4500 亿元的战略目标。

2022 年，江西建筑业总产值突破万亿元大关，达到 1.06 万亿元，列全国第 12 位，同比增长 9.5%，增速列全国第 5 位；10 年间，我省建筑业总产值年均增速 12.8%，比全国平均增速高 1.8 个百分点。2022 年，全省建筑业企业 5939 家，建筑业企业签订合同额 1.7 万亿元，按总产值计算的劳动生产率为 53.7 万元 / 人，增长幅度均位列全国第三，带动就业超 200 万人次，占全社会总就业人数的比重超过 6%。2022 年，我省建筑业贡献税收收入 268.67 亿元，占全省入库税收为 7.2%，剔除留抵退税因素后同期增速为 8.5%。2023 年以来，全省建筑业继续保持增长态势，全省 1—8 月入库税收 207.59 亿元，同比增长 9.7%，增长形势向好。

行业总产值加快壮大的同时，我省建筑施工龙头企业也在加速扩张。数据显示，江西建筑施工总承包特级资质企业由 2012 年的 1 家增长至 2023 年的 25 家，一级资质企业由 2012 年的 216 家增长到 2023 年的 598 家，逐步形成了“门类齐全、层次多样、覆盖广泛”的发展格局。此外，江西建筑企业积极参与“一带一路”建设，足迹遍布全球60多个国家（地区），“江西建造”享誉海内外。

二、当前江西建筑行业存在的突出税收风险问题

近年来，在打造“智慧税务”、推进“以数治税”新形势下，税务稽查甄别手段不断提高，单靠企业财务管理制度已不能完全规避和防范税务风险。同时，由于建筑业本身涉及面广、细分行业多、跨区作业多、生产周期长、经营业态复杂且管理规范化程度低，加上重经营的天然属性，大部分建筑业没有建立完善的税务管理制度，相关财税人员对一些税收政策把握不透、思路不清，其经营管理及纳税申报中存在的税收风险不容小觑。

（一）上下游产业“点多面广”，虚开发票等违法风险较大

建筑业是一个综合性很强的行业，建材种类丰富，供应商多，采购地域广。企业总成本构成复杂，主要有材料、人工、分包、设备等，发票管理难度大。因此，基于降低成本的考虑，企业虚开发票风险较大。

其一，“无票支出”无法抵扣进项的风险。实务中，绝大多数建筑施工项目通常都地处偏远，基于行业习惯和成本因素，大量建筑企业都是“就地取材”，从当地的一些个体户或个人处低价购买材料，但这类商户往往不按规定到税务机关代开专用发票，在交易中只能提供收据甚至“白条”。缺少合规的原始凭证

和专用发票，就会导致企业虽有真实业务，却在增值税进项上无法“应抵尽抵”，在企业所得税申报时无法税前扣除，提高了企业税收负担和接受虚开发票的动机。

其二，非法牟利的涉税违法犯罪风险。由于无法取得合规票据的问题比较普遍，实际工作中部分企业存在非法购买假发票或“白条入账”等偷税、漏税、虚开的违法行为。不仅严重侵蚀税基，大额补税风险还进一步增加了企业合规成本，甚至可能承担相关涉税犯罪刑事责任。也正是基于这样的行业特点与发展背景，使得建筑行业成了虚开发票的重灾区，也是我省税务稽查的重点行业。数据显示，2022 年江西省共查处建筑行业违法违规案例 827 个，罚没金额达 2.85 亿元。

其三，取得不规范发票的抵扣风险。建筑企业项目多种多样，取得的增值税发票类型也很多，包括材料发票、劳务发票、分包发票、机械设备租赁发票等。企业财务人员一旦未能有效识别开具不规范的增值税专用发票并进行了抵扣，税务检查时就必须做进项税额转出，增加税收风险。

（二）复杂灵活的劳务用工模式导致税收风险突出

建筑行业用工量大，行业准入门槛不高，用工模式多样，劳务成本占到了行业总成本的 30% 左右。2022 年我省从事建筑业活动的平均人数达 199.8 万人。在企业自身管理水平有限、会计核算能力不高的背景下，复杂灵活的劳务用工模式就会产生大量的税收风险隐患。

其一，自有施工队模式存在少申报工资薪金个人所得税的风险。此种模式下用工成本可以作为企业的工资薪金支出正常列支。但实践中很多建筑企业以该业务在项目部处理为借口，不做财务记录，个人所得税只申报项目部管理层及部分固定人员工资，或者协助民工分解收入规避个人所得税，导致实际用工与纳税申报存在较大差异，也随之产生少缴、漏缴、不缴社保的风险。

其二，包工头负责的零散用工模式存在劳务支出与工资支出混同和虚开发票的风险。由于建筑业用工的季节性、流动性和不稳定性，行业用工信息不完善，部分建筑企业大多是和包工头合作并结算施工费，就会产生两方面问题：一是劳务费与工资薪金划分不清，造成一些非雇佣关系或临时劳务等本应取得发票的劳务支出，却以工资薪金表进行列支，应税项目混淆，纳税申报失真；二是劳务发票不合规，“营改增”后，特别是2019年“社保入税”后，建筑企业为了规避增值税风险及员工社保风险，大多要求非本公司的施工班组必须挂靠劳务公司，与劳务公司签订劳务合同，建筑企业则按完成工程量与劳务公司结算，获得劳务公司提供的用工发票。这样看似“四流合一”，但整个过程人员复杂，一旦某一个环节出现问题，就会给建筑企业带来巨大的虚开风险。尤其在“以数治税”的全业务链条监控下，税务风险更加突出，近年来已有多家劳务公司因虚开发票而被查处。

其三，劳务外包或劳务派遣模式存在多入成本、虚开发票的风险。此种模式是建筑企业，尤其是大型建筑企业普遍采用的用工形式。不仅可以加快施工进度、扩大项目规模，而且只要取得合规发票，涉税风险就相对较小。虽然我省住建厅已于2020年5月发文明确取消建筑劳务企业的施工劳务资质要求，引导小微型劳务企业、劳务班组或有一定技能和经验的建筑工人向专业作业企业转型发展。但实际操作中仍存在项目承包方为套取利润而超工作量结算的情况，企业收到的分包发票与实际工程量不符，风险隐患较大。

（三）收入成本结算过程中的税收风险点较多

建筑行业工程款结算决算复杂、手续繁多、方式不规范，且一般会跨多个年度，资金周转率低。加上现行政策中增值税和企业所得税对收入的确认方法不同，使得建筑业普遍存在企业所得税申报时的营业收入与增值税缴纳时的开票收入不相匹配的情况，涉税风险较高。

其一，项目结算和付款滞后导致企业不能按项目进度及时确认收入。建筑企业开工项目多，发包方为减小自身资金压力，通常会在合同中约定按项目各期完工量的70%—85%结算工程款，并时常拖延支付，使得结算进度严重滞后于施工进度，进一步导致实际承包人拖欠供货商货款和农民工工资，形成恶性循环。2022年，我省人社厅为2.4万名农民工追回工资3.16亿元。这种上下游结算进度严重滞后的现状，导致建筑企业应收款和应付款呈“双高”趋势，且企业发票、资金流与纳税义务发生时间不匹配，存在严重的增值税少缴及滞后缴纳现象，后期查补税款风险高。

其二，少结转收入或多结转成本。在实务中，有的建筑企业不按完工百分比来结转收入成本，而是在实际收取发包方工程款时确认，这种“实际结算法”不符合现行会计制度与税法规定。但因为账务处理简单且可以通过少计收入达到在规定期限内少缴企业所得税的目的而被大量采用，成为建筑企业会计核算中的“潜规则”，税收风险极大。此外，部分建筑企业还存在成本费用虚列或提前结转少缴企业所得税的风险。

（四）复杂的经营管理模式和跨区经营增加了税源流失风险

建筑企业跨区域经营、异地经营比较普遍，还存在子公司、分公司、项目部等多种经营管理模式，以及项目承包、挂靠、分包、转包等诸多管理问题，大幅提高了建筑企业税收征管难度。多次的转包和分包造成建筑施工单位无法对下属公司进行合理规范的控制，并且当前税务机关与建设单位、审计部门建立的涉税信息共享机制未能全面落实，税务机关不能及时掌握建筑企业实际生产经营和会计核算的详细情况，以及项目竣工时间与最终造价等涉税信息，不能及时征缴税款，税收流失风险较大，税收成本不断增加。

三、江西省防范化解建筑业税收风险的政策要点

虽然当前建筑业总体上呈现行业税源大、增收潜力大等明显趋势，但我省建筑业整体仍存在“大而不强、全而不精”的问题，涉税风险也日益突出。为进一步提升建筑业对全省经济发展的贡献率，切实落实建筑业“稳中求进、以进促稳”的发展基调，稳妥推进房地产等重点行业的“先立后破”，应警惕当前建筑行业税收风险隐患，加强建筑行业税收风险的防范与管控，确

保实现我省建筑业高质量发展和高水平安全的良性互动。

（一）搭建建筑业数字化财税合规平台

创新建筑业税收管理模式，依托“互联网＋业务＋财务＋税务”探索合规管理与信息化平台的协调统一路径，将合规管理信息化建设深度融入建筑业税收实践工作。依托金税四期、智能税务管理系统、智慧工地等数字化监管系统，利用云计算、物联网、人工智能、大数据等技术，实现对建筑行业的财务、税务、业务、合规等数据的采集、存储、处理、分析、预警等功能，提高数据的准确性、实时性、可靠性和价值性。通过合规平台协助建筑企业实现税务数据的采集、智能算税、一键申报、税务共享、税务风险管控等功能，推进建筑企业的业财税融合和一体化闭环管理，进而确保建筑行业税务管理的专业化、流程化、精细化和动态化，提高企业财务和税务管理效率，增强企业财务管理和税务申报的透明度和公信力，有效预防和减少行业税收风险事件的发生，帮助建筑企业降本增效的同时维护国家税收利益。

此外，在搭建建筑业数字化财税合规平台基础上，尽快将之与我省相关灵活用工平台和就业公共服务平台对接，发挥我省用工成本低、效率高等灵活用工优势，缓解行业在劳务用工方面的涉税风险。目前，我省已建成了全省统一使用的建筑工人实名制管理服务信息平台和房屋建筑市政工程关键岗位人员考勤系统，下一步，住建厅等部门应加快对平台系统进行升级改造，增加功能模块，并尽快与建筑业数字化财税合规平台对接，形成建筑业复合用工云平台，从而统一管理行业多种用工模式，更好地推进对建筑企业劳务用工行为的有效监管。

（二）完善建筑业风险管理体系

建筑企业必须建立完善的企业规章制度和项目管理体系，加强企业税务风险管理工作，积极开展数字化转型。在此基础上，各地税务部门应依托江西省税务局开发的税收大数据智慧服务平台，以建筑企业的具体施工项目为控税载体，构建扁平化立体式多层级的建筑业税收风险管理体系，打造建筑业新型征管工作机制。逐户建立管理台账，实行项目跟踪管理，实时更新工程项目施工进度，做好台账动态管理，使建筑业管理规范化、有序化；利用建筑行业的强关联性，对其上下游行业确认收入成本进行链条式管理，严格财务支付流程，并定期对建筑施工企业增值税发票和建筑业预缴税款完税凭证进行核查，确保收入合规、支出合法；严厉打击涉税违法行为，不定期组织建筑业发票使用情况检查，严厉打击不按规定出具正规发票凭证或以非正规发票、白条入账等不法行为。

同时，通过"税源+风险"强化建筑企业风险管理的针对性，推动监管前置，实现建筑企业征管提质增效。以日常管理、风险核查以及数据筛选为着力点，将风险管理贯穿建筑业税收管理始终，细抓行业特点、挖掘管理盲点、分析掌握风险点，以提示提醒、当面辅导等方式帮助纳税人自查自纠，化解税收风险，将被动发现转变为主动挖掘，强化建筑业税收风险的日常防范、实时监控与动态监管，从根本上提升数据质量、强化管理力度。

（三）加强各部门信息化共享

构建项目建设涉税信息管理大平台，通过“信息 + 协作”推动征收管理走深走实，利用信息管税实现源头控税。税务部门应联合发改委、国土、住建、规划、房管、招投标中心、政府采购、自然资源等多个项目建设管理单位，构建多部门共同参与的信息交换机制和建筑业协同共治机制，明确各部门职责，及时掌握项目招投标情况、施工单位资料、工程合同、工程款结算等情况，奠定源头控管信息化基础。同时依托信息共享，高效采集工程项目立项、招标、竞标、拍卖、挂牌、开工建设、项目进展等多个流程与环节的涉税信息，及时开展各环节的税源明细管控与跟踪，做到施工前报验登记、按进度预缴税款、完工后实施清算，实现税源监控管理及施工过程同步的税收一体化全面监管，推进税收共治机制，提升征管效能。

（四）强化多渠道政策宣传与辅导

提高建筑企业的税收征管意识，以提升纳税人满意度和获得感为落脚点，不断规范建筑业市场秩序，防范税务风险，优化税收营商环境，提高纳税服务水平。一是要以纳税人需求为引领建立常态化税企沟通机制，持续做好建筑企业在政策性搬迁过程中的后续跟踪服务。多渠道开展建筑行业税收政策宣传及办税辅导，通过“政策找人”为企业送上最新税收优惠政策详解，帮助企业合规经营的同时合法降低税负；二是要更加精准锚定建筑企业的涉税诉求，将普遍服务与精准对接相结合，分层分类针对性提供纳税服务；三是要提升对建筑业的巡查辅导水平，严格按照规定采取多种形式对建筑企业进行全流程、全税种巡查辅导，引导和鼓励建筑企业建立专业的税务管理团队，有效规避涉税风险。

南丰龟鳖产业发展的调查研究与对策建议*

李春根　唐俊华　周存旭　孔雨菲儿

2023 年 10 月习近平总书记在江西考察时指出，要坚持农业农村优先发展，加快农业农村现代化建设步伐，牢牢守住粮食安全底线，推进农业产业化，推动农村一二三产业融合发展，全面推进乡村振兴。坚持产业兴农、质量兴农、绿色兴农，把农业建设成为大产业，加快建设农业强省。南丰县委、县政府积极响应习近平总书记提出的“走在前、勇争先、善作为”的目标要求和殷切期望，发展了一批特色农业产业，南丰龟鳖产业就是该县代表特色产业之一。南丰甲鱼养殖起源于 20 世纪 90 年代初，2016 年 4 月登记注册成立了南丰县龟鳖产业协会。南丰县在 2017 年被中国渔业协会龟鳖产业分会授予“中国龟鳖之乡”称号，南丰县太和镇被授予“中国龟鳖良种第一镇”称号。2020 年，该县获得“国家级渔业健康养殖示范县”授牌，“南丰甲鱼”获批农业

* 本报告获得时任梁桂常委、副省长卢小青、省政协于秀明副主席重要批示；本报告刊发于《江财智库报告》2024 年第 8 期（总第 348 期）。

农村部农产品地理标志。2023年南丰县被中国水产流通与加工协会授予“中国龟鳖产业十强县”称号。近年来，南丰县龟鳖产业发展势头迅猛，为充分发挥这一本土特色的产业优势，实现综合产值倍增，深入推动产业创新性发展，本报告对试验区龟鳖产业创新发展的现状进行了调研分析，找到存在的问题，并提出了优化建议。

一、南丰龟鳖产业发展现状

（一）龟鳖产业呈提质扩量发展态势

2022年，南丰甲鱼年总产蛋达4.1亿枚，比2017年南丰县中华鳖年产种蛋2.3亿翻了近一番；龟鳖产业综合产值26亿元，与2017年的7亿元相比，五年内接近翻两番；南丰县目前种鳖种龟存量2万吨，全国市场甲鱼种蛋、种苗供应占比稳定在50%以上，并且正在打造中国最大的甲鱼良种基地，已收集有30多个地方品种保存于南丰，正在逐步建立活体种质资源库。当前，全县龟鳖类养殖户数近2000户，参与户3000余户，带动就业人口2万余人，养殖面积2.4万亩。截至2022年，南丰县共获“两品一标”认证单位5家，产品7个，其中有机认证单位4家，产品6个，地理标志认证1家产品1个，省级龙头企业1家，省级示范社1家，省级原良种场4家，市级龙头企业2家，龟鳖注册商标10家。目前，全县智慧渔业已建成投入使用6家，全部接入县级智慧农业平台，通过手机APP可在任何一个地方了解场内渔业动态。南丰县制定了甲鱼生态养殖技术地方标准，选育出甲鱼新品系 3 个，获批相关专利 20 余项。自 2017 年被评为“中国龟鳖之乡”以来，南丰县积极推进龟鳖产业的高质量发展，整个龟鳖产业呈现提质扩量的发展态势。

（二）多措并举助力龟鳖产业人才布局

在人才布局工作上，南丰县坚持多举措并进，通过组建南丰县高层次人才产业园和高层次人才服务团，成立驻外招才引智工作站，开展揭榜挂帅、“百博进百企”引才活动等方式，实现人才引进与自主培养相结合的人才培养模式。第一，成立南丰县科技创新研究院，举办“百博进百企”南丰专场活动，聘请中科院谢联辉院士任县政府科技顾问，引进省内外高校博士等高层次人才 30 余人。第二，按照“一园、四所、六中心”思路建成中国南丰龟鳖产业科创园，为人才引进、科技创新、企业入驻创造了极为有利的条件。第三，举办“中国（南丰）龟鳖产业大会暨高层次人才南丰行”系列活动，探索产才融合、以才促产的引才新模式。2023 年，南丰县通过以上多举措，引进本科及以上人才共 391 人，其中两院院士 3 名。现有省级人才平台 3 家，市级 12 家，推动创新链、产业链、人才链深度融合。实现了人才引进与资助培养相结合的人才培养模式，助力南丰龟鳖产业的人才布局。

（三）政府主导推动龟鳖产业高质量发展

第一，南丰县推动县域内江西添鹏生态农业有限公司与南昌大学生命科学院洪一江教授团队建立了长期合作，聘请了中国工程院院士桂建芳等10名水产养殖专家学者为该县龟鳖产业科创园专家委员会委员。第二，与江西科技特派团、南昌大学、江西省科学院、南丰县龟鳖产业协会联合办学，在南丰县太和镇建立南丰县甲鱼学校，定期举办培训，每期培训人员可达300人。第三，政府引导县内各大金融机构出台“特色甲鱼贷”“甲鱼蛋收益保险”等信贷产品，推出了产业融资需求主体白名单等系列举措。截至2023年5月末，该县金融支持龟鳖养殖主体达5000多户，发放甲鱼养殖类贷款6.25亿元，甲鱼蛋收益保险承保面积833.3亩，保障金额达5105万元。第四，政府主导制定了《南丰县龟鳖产业发展规划（2018—2025）》《南丰县龟鳖产业发展行动方案（2022—2025）》，结合国家相关政策规定，为龟鳖产业的高质量发展打下了厚实的基础。

二、南丰龟鳖产业发展存在的突出问题

（一）龟鳖种业体系有待完善，种业发展与质量有待提高

该县在提纯复壮、原良种保护、国家级原良种场认定等方面做了大量工作，取得一定成效，使得该县在种蛋、种苗供应量占全国50%以上。但种业体系总体上仍然存在一些问题，阻碍其抢占产业制高点。一是投入不足，科研力度小。现主要工作局限于企业引种和扩繁，尚未有一个完善的种业体系，难以支撑现代种业发展的要求。二是种业无序发展，保护薄弱。龟鳖种业工作没

有统一的指导和规划，致使近几年的龟鳖种业无序引进及杂交，伴随而来的是中华鳖种质混杂、养殖病害增多、成活率下降等苗种质量和发展问题。

（二）龟鳖行业监管有待加强，养殖模式与推广有待优化

近年来，南丰县龟鳖产业在养殖模式及技术、产品加工等方面都取得了一定的成绩，但也暴露了一些问题。

首先，对龟鳖行业的监管力度有待加强。南丰县龟鳖产业在耕地上擅自开挖甲鱼塘、违规乱建等现象偶有存在。未经许可和无生产批号的“非药品”“水质改良剂”及原料药时有出现，养殖户素质普遍较为低下、生产记录缺失，无可追溯性。部分养殖户过于追求高产高效、密放养频投饲的养殖模式，也造成了一定的环保压力，除少部分养殖场建设了尾水处理设施外，大部分精养塘均未建立，且部分处理设施建设交付使用后基本荒弃，企业不愿花钱维护。以上种种问题可能会严重影响水产品质量安全以及南丰龟鳖产业的可持续发展。

其次，养殖模式单一，稻莲田综合种养等绿色发展模式尚未成熟，推广难度大。当前，南丰县龟鳖产业仍以龟鳖类亲本培育、种蛋孵化、种苗培育、温棚“二段法”稚幼苗育养为主，稻鳖综合种养及莲田综合种养技术推广有近十年的历史，但出于管理和技术的复杂性、市场需求的波动性和不确定性、综合种养对水质和环境的高要求、目前市场接受范围较小及南丰龟鳖种业国内地位等原因，在经济效益的驱动下，普通的稻田、莲田综合种养一直难以推广。“甲鱼上楼”“桔鳖共生”模式正在试验示范中，

有待在实践中总结提高。全县目前已实际推广稻田综合种养（稻虾、稻鳖、稻蛙）不足1000亩。

（三）特色品牌建设有待增强，龟鳖产品附加值有待提升

相比于湖南汉寿县的“汉寿甲鱼”、浙江德清县的“清溪花鳖”、惠州博罗县的“金钱龟”等热门IP产品，南丰县的龟鳖产业存在以下几个问题：第一，品牌效应不显。对于全国闻名的种甲鱼养殖、种蛋种苗生产供应基地来说，该县甲鱼养殖经营主体产品品牌不响，没有较好发挥品牌效应，在品牌建设方面处于相对滞后的阶段。第二，产品附加值不高。当前龟鳖产业主要以直接销售或粗略加工两种方式进行销售，然而对于南丰龟鳖产业而言，该县的龟鳖产业多数为餐饮消费，存在产品加工度低、产品附加值低、技术集约化程度低的特征。此外，缺乏针对消费者和农民的市场教育和推广活动，群众对食用龟鳖的好处和价值也不甚了解，降低了产品的额外价值。

三、促进南丰龟鳖产业高质量发展的举措

针对前述南丰龟鳖产业发展存在的突出问题，聚焦龟鳖产业综合产值倍增目标，提出做大做强产业链条、更好发挥政府职能、努力加快人才培引三大务实举措，以促进南丰龟鳖产业高质量发展。

（一）做大做强产业链条

一要聚焦产业上游，打牢产业基础。龟鳖产业上游包含龟鳖种苗、人工、养殖设备、水产用药、添加剂等，建议南丰县在构建产业链条中要做好产业规划并将其落实到位。聚焦于链条上游，完善好种业体系，打造中国最大的甲鱼良种基地，一方面要坚持当前良种的培育和养殖，另一方面要依托和利用好活体种质资源库，集合县域引进各大合作团队的科研能力，加快培育出龟鳖良种，构建一条规范有序的南丰龟鳖种业体系。同时，加大龟鳖投入品监管，从源头杜绝非法投入品使用。

二要瞄准产业中游，保障产业发展。龟鳖养殖处于该产业链条中游，龟鳖养殖的成果决定了产业的整体发展。瞄准产业中游，南丰县首要完善养殖模式，一方面加大生态养殖科技方面的投入，完善良法，推行“二段法”育养模式，加速研发尾水处理设施，降低养殖成本；另一方面，加速探索新型养殖模式并予以推广，在“稻鳖”“莲鳖”等模式基础上，加速“甲鱼上楼”“桔鳖共生”模式的探索，并将探索成果加以完善最终推广到龟鳖养殖中。此外，探索以“企业总部经营＋村集体入股＋农户自愿养殖”模式，把企业的发展与乡村振兴有机融合。通过市场自主营销或企业保底回收的方式解决农村养销的问题，争取打造“一镇一业”的效应。

三要着眼产业下游，做好产业终端。在现有的食用餐饮基础上，做好龟鳖产品的粗加工、精深加工有助于提升产品附加值，搭建好产业链条最后一环。积极引进药、酒、食品加工企业，如金钱龟酒、纯手工龟苓膏、金龟露、预制菜等食品、保健品企业等。发挥龟鳖板等各部位的药用、食用价值，突出龟鳖产品作为药食同源的发展优势，在生物利用、健康产品开发、功能食品等领域，继续发力市场研发提升龟鳖产品附加值。

四要关注产业外延，延长产业链条。大多数龟鳖具有很高的观赏和科普价值，如甲骨文文化，古代建房排水渠放龟通渠文化，以及龟鳖进化研究等都是很好的科普教材。引导企业逐步打造龟、鳖园，观赏园，配合龟、鳖文化知识科普，结合本省深厚的红色文化资源，带动当地及周边市民亲子游、科普游，做活新田生态及人文旅游资源，集聚人气，盘活当地产业经济，带动当地群众稳收增收。

（二）更好发挥政府职能

一要规范审批和完善监管。对整个龟鳖产业链条内的各个环节严格制定标准并按照标准进行审批。如养殖基地的审批，严格按照现有标准进行审批，在通过审批后方能开始进行建设。再如养殖用药、产品加工等环节，严格制定标准，按照标准对各主体进行审批，通过审批后，才能运营。在严定标准和规范审批后，还必须要完善对龟鳖产业的监管，将标准和规范落到实处，由农业、环保、市场监管等部门联合成立巡逻队或执法队，对龟鳖产业链条的上中下游进行巡查与监管，将监管落到各个环节，确保各单位能够严格按照出台的标准进行养殖、生产和销售。通过制定标准、严格审批流程等措施，减少甚至杜绝违规建设养殖场地、养殖用药泛滥、尾水处理设施建设不到位、占用基本农田等现象，确保绿色生态养殖模式落到实处。

二要加大品牌建设力度。首先，找好南丰龟鳖产业的特色定位，对汉寿甲鱼、清溪花鳖、惠州金钱龟等知名 IP 进行调研学习，再总结出自身定位，围绕“南丰甲鱼”这一地理标志，鼓励和引导经营主体进行自身的品牌建设，加大“两品一标”认证、商标注册，积极利用好中央和省市支持政策，加强引导省市级龙头企业发展，不断提升南丰龟鳖品牌影响力，创造更多的产品价值。其次，将品牌 IP 建立之后，通过促进落实龟鳖产业大会常态化，提高品牌档次与级别，再借助互联网直播、网络营销等手段，如观赏龟鳖可以借鉴熊猫基地的直播模式，或提出云养龟等概念，增加“南丰甲鱼”品牌 IP 的曝光度与知名度，真正把“中国龟鳖看江西龟鳖良种看南丰”的口号唱响唱亮。

三要完善融资和服务平台。首先，要完善政府服务平台，加强政企之间的交流沟通，省科技厅和省农业农村厅加大对南丰申请专项资金立项力度，专项资金要用于龟鳖研究所研发经费，包括人才引进、科技协同、新品种新技术等研发、引进、试验示范等，助力龟鳖品质提升。其次，要完善好政府补贴政策、做好融资平台建设，对于企业进行的良种培育、本土养殖企业等进行项目补贴，引入各大金融机构，减少融资条件，降低融资成本，解决中小微型企业的起步难等问题。

（三）努力加快人才培养和引进

一要注重本土人才培养。首先，针对本土人才培养，要利用好现有平台和机构，如南丰甲鱼学校，对现有养殖户进行培训。其次，要针对即将迈入社会的青少年进行培养，从娃娃抓起，与当地职业学校进行合作，开设甲鱼养殖等相关专业，并出台就业政策、创业资金配套等相关配套政策，如学生毕业后可优中选优至各乡镇与龟鳖产业相关岗位，或引导其进行创业从事甲鱼养殖等行业，构建本土人才培养链条。

二要加强外来人才引入。首先，针对外来人才引入，要做好人才招聘工作，可搭建政企交流会议，计算好人才缺口，统一到各大农业院校、科研机构举行专场招聘会，对于特别优秀的人才进行一人一议，将外来优秀人才引入到本地，为南丰龟鳖产业的高质量发展提供人才保障。其次，完善人才引进政策，建设好外来人才配套设施，解决好外来人才的后顾之忧，让外来人才感受到家的温暖。

三要搭建人才发展平台。针对培养成长起来的人才，要搭建好人才的后续发展平台。利用好现有的各大院士工作站，构建好科研学术发展平台，从中进行牵线搭桥，为在本土贡献过的人才后续发展提供助力，形成人才助我、我助人才的良性循环。

激活江西县域经济财富密码 走特色优势强县之路

——基于贵州“村超”的经验借鉴 *

江西财经大学课题组

党的二十大报告指出，中国式现代化是全体人民共同富裕的现代化。2023 年 12 月 31 日，习近平主席在 2024 年新年贺词中指出，“村超”“村晚”活力四射，诠释了人们对美好幸福生活的追求，也展现了一个活力满满、热气腾腾的中国。2024 年中央一号文件提出，促进“村 BA”“村超”“村晚”等群众性文体活动健康发展。至此，“村超”等村级体育活动首度被写入中央一号文件。“村超”是以人民为中心，靠全民参与共建，以乡村足球为媒，用优秀文化搭台，让经贸产业唱戏，用数字媒体推动的现象级文化传播品牌。贵州“村超”的火爆出圈，提升了县域人气，激活了乡村资源，增加了农民收入，蹚出了乡村振兴的“新

* 本报告获得江西省省委常委、省委宣传部部长卢小青的重要批示；本报告刊发于省社联智库成果专报 2024 年第 14 期（总第 210 期）；课题组组长：李春根，成员：李秀香、吴群、熊嘉颖、潘雨馨。

名片”，启动了县域经济腾飞的“新引擎”。课题组经过实地调查和系统研究发现，借鉴贵州“村超”经验，是激活江西县域经济财富密码，走特色优势强县之路，谱写中国式现代化江西篇章的重要路径之一。

一、贵州“村超”的硬核经验与财富密码

（一）省州县协同打造“村超”品牌，找准县域经济“撬动点”

2023 年 5 月，榕江县人民政府办公室印发《榕江县 2023 年农村“新三变”新媒体助力乡村振兴工作实施方案》，提出要重点打造“榕易卖”品牌，提升“苗侗山珍”电商平台影响力，将有效为“村超”赛事提供宣传保障。2023 年 7 月，黔东南州自然资源局围绕“村超”赛事现场及全县体育场地实际需要，强化自然资源要素保障，将“村超”赛事建设事宜纳入《榕江县国土空间总体规划（2021—2035 年）》，提出打造一批特色体育公园，举办和承接足球比赛；培育省级体育旅游示范基地，打造体育旅游示范县，申报国家体育旅游示范基地等规划内容。2023 年 11 月，贵州省印发《省人民政府关于推动县域经济高质量发展若干政策措施的实施意见》强调，支持有条件的县发展特色体育运动，持续办好“村 BA”“村超”等乡村体育赛事；推动各县与传统头部旅行社、知名线上旅游服务平台等加强合作，分阶段、分主题开展文旅、酒旅、农旅、体旅、康旅、桥旅等宣传活动。

（二）新媒体产业赋能“村超”IP，点亮“三农”经济“闪光点”

“村超”的爆火，当地政府对新媒体传播的高度重视功不可没。2021 年以来，当地政府制定了“新媒体 + 产业”战略，让手机变成新农具、让数据变成新农资、让直播变成新农活（以下简称“三新农”），积极发展短视频、直播营销等业务，与黔东南州、深圳、佛山以及清华文创聚力打造榕江新媒体文创电商产业园。榕江以国家“互联网 +”农产品出村进城工程试点县建设为契机，大力发展新媒体，面向非遗传承人、返乡创业青年、易地扶贫搬迁群众、留守妇女等，开展短视频直播培训，孵化了 1.2 万余个短视频账号和 2200 余个本地网络直播营销团队。庞大的新媒体人才军团、成千上万条视频，成就了社交平台上的现象级传播，为“村超”出圈提供了强大支撑。为打造“村超”这一 IP，榕江县整合了全县“三新农”培育的新媒体万人军团和民间策划人才的创意，柔性引进了公益传播团队和赛事直播技术团队，自建传播素材流量池，总结大数据流量推送规律，主动选择了以普通村民为视角在新媒体上真实呈现“村超”和少数民族节庆的热闹场面，用内容打动观众。在 2023 年“村超”开赛期间，当地政府充分发挥榕江新媒体优势，策划推出“乡村足球 · 榕江村超”有奖征集活动，征集相关短视频作品、文旅攻略，评选“村超”宣传官，带动更多网民自发在自媒体平台上制作推出更多榕江“村超”攻略、视频、笔记，营造全民宣传正面氛围。

（三）历史文化激发“村超”活力，创造旅游经济“爆发点”

“村超”的出圈是“历史 + 文化”的巧妙融合。榕江作为全国县域足球典型县，足球运动已有 80 多年的发展史，县域有 14 个足球场，仅群众性业余足球队就多达 40 余支 1200 余人。依托群众对足球的热爱，通过“挖掘足球好故事、表扬优秀好球员、带动赛场好氛围”的方式，挖掘近十年来榕江校园足球队在全国、省、州各类官方赛事中的光荣事迹，树立一批如“老男孩足球队”等足球先进典型人物，切实将足球赛事与足球文化深度融合，让观众在观看“村超”比赛的同时，体验榕江深厚的足球文化。民族文化亦是贵州所长，仅榕江就有苗、侗、水、瑶等 28 个民族，以及侗族大歌、侗族琵琶歌等世界级和国家级非物质文化遗产十余项。“村超”有效用好“文化千岛”优势，充分彰显当地少数民族文化，将侗族大歌、侗族琵琶歌等世界级、国家级非物质文化遗产融入“村超”，在每个“超级星期六”的比赛现场上演合唱侗族大歌、吹奏芦笙、齐跳多耶舞等民族文化节目，由本地歌手演唱《我在贵州等你》《山水贵客》等民族特色歌曲和《榕江村超火辣辣》《最爱卷粉》等村超专属歌曲，为赛事加油助威。在中场休息期间，增加球迷互动环节，将民族文化与现代文化相融合，在球场中开展民族时装秀、民族电音秀等活动表演，邀请观众、游客进场参与，亲身感受民族团结氛围，实现“村超”与民族文化的深度融合，实现了“历史 + 旅游”“体育 + 旅游”“文化 + 旅游”的完美结合。

（四）治理强基创造“村超”热点，打造体育经济“着力点”

榕江县是贵州对接融入粤港澳大湾区“桥头堡”，力图通过打造县域文旅 IP 实现“桥头堡”的新突破。值得注意的是，在“村超”出圈前，县里曾经五次塑造文旅 IP，但均因政府大包大揽无果而终。第六次 IP 塑造汲取教训，通过发动全民参与把足球赛事与民族文化、非遗美食、淳朴民风等进行融合式创新，打出一套组合拳。“村超”比赛期间，村民们自发组织鸣锣喊寨报喜、扛着奖品走村串寨宣告等庆祝活动，主动宣传、拍摄“村超”热点。没有专业队员，球员与裁判都以当地村民为主，他们平时是餐饮店老板、建筑工人、小商贩、中学生等；球场没有大门和栏杆，没有复杂的票务出售，不收门票，围在场边就能观赛；没有高额的奖金和华丽的奖杯，却有大猪脚、小黄牛、本地猪、小香羊等接地气的奖品。榕江县在第二届“村超”联赛基础上，还计划 2024 年举办贵州“村超”全国美食非遗友谊赛（第二季）暨全国女子足球友谊赛、全国“美食 + 村超”邀请赛、全国青少年夏令营足球赛、第一届“一带一路”村超友谊赛暨贵州—粤港澳大湾区足球友谊赛等赛事，把榕江“村超”舞台交给全国各地，让每个城市都来展示自己的美食文化、民族文化、非遗文化、地方文化。科学安排 A、B、C、D 四类赛事，实现“重要节点有 A 类赛、周末有小赛、经常有外地球队交流赛”，每逢周末就打造“超级星期六之夜”，做到策划有高度、平时有温度、节点有热度，村民自治把“村超”赛事办到民众的心坎上。

二、激活江西县域经济财富密码的对策建议

（一）找准“撬动点”，科学施策

一是强化县域经济高质量发展及乡村振兴顶层设计。在中共中央公布的《中共中央 国务院关于学习运用“千村示范、万村整治”工程经验有力有效推进乡村全面振兴的意见》指导下，尽快制定《江西全面推进中国式现代化县域经济高质量发展方案（2025—2028年）》，从特色产业、主体培育、园区发展、城乡融合、要素集聚等方面发力，设置新时代县域经济发展阶段性目标，落实落细江西省《关于推进农业农村高质量发展奋力打造新时代乡村振兴样板之地的意见》各项任务。

二是编制“旅游+”发展计划。要加快编制《江西省推动地方经济“旅游+”产业高质量融合发展行动方案（2025—2028年）》等文件，推进省内各市县旅游资源与农业、工业、体育、文化、康养等产业融合发展，打造旅游消费新业态，从政策层面大力支持全省市域、县域以地方特色为招牌、旅游资源为载体、文化内涵为内核、产业增收为动能的新兴地方经济产业链条。

（二）挖掘“闪光点”，重点扶持

一是培育流量经济新业态。发挥流量经济产业基地的引领作用，与贵州榕江新媒体产业园、云南省数字新媒体产业园等新媒

体产业平台开展相关合作，打造“中心＋分中心＋通讯站”县乡村三级新媒体组织体系，在各市县旅游景点、民俗文化区域加快布局一站式直播服务平台，开发短视频、直播电商、线上营销等新业务。

二是出台“一市一县一IP”战略。深挖各地历史文化，例如，在赣州以宋文化为背景，强力培育有烟火气息的古韵宋城新风采；在遂川县充分挖掘“遂川建政”“圩文化”“梯田文化”“茶文化”“客家文化”等独特文化元素，打造“茶乡遂川溢满世界”的特色IP；在资溪县挖掘面包文化、畲族文化等，打造以大觉山景区、马头山国家森林公园等为主的“面包之乡·纯净资溪”生态旅游IP；在武宁县挖掘“两山理论实践基地”山水文化，打造以庐山西海、神雾山等壮丽的自然景观为主的观光休闲旅游IP；在大余县打造以梅关古道、粤赣湘边纵队纪念馆等为主的红色旅游IP；在上犹县打造以阳明湖旅游度假区、石坑风景区等为主的康养旅游IP；在金溪县打造以古城墙、古民居等为主的历史文化旅游IP。

（三）引爆“爆发点”，持久出圈

江西虽有中国资溪面包文化节、国际环鄱自行车赛、江西网球公开赛等具有国内外影响力的赛事活动，但活动周期普遍不超过半个月。短暂的活动对当地经济的带动力有限，无法形成可持续的经济拉动，因此，各地应充分利用当地资源与优势，打造多元化、常态化的体验场景和活动品牌。以资溪县为例，资溪县可以在开展一年一度的资溪面包文化节之外，在资溪面包小镇筹备日常化的碳水星人交流会、面包美学好物分享、面包文化产品展等资溪面包文化活动；在资溪面包产业城开展面包制作参观与体验、趣味研学等专业性活动，并设置每日参观预约名额；在资溪面包广场每周举办不同的面包品类制作比赛，不仅可以划分中式、西式面点等多个赛道，还可以设置不同的比赛主题，并学习德国 IBA 世界面包大赛、世界面包大赛、全球烘焙师大赛等知名烘焙大赛赛程，完善赛制，让游客“即到即体验”，实现“工作日 + 周末 + 重要节日 + 年度盛典”的常态化活动开展模式。

（四）把握“着力点”，多点突破

做活乡村体育赛事，不能简单把贵州的成功经验“复制粘贴”，而是要立足当地资源禀赋和发展基础，同时重视受众基础，确保赛事参与感强、可嫁接性高，拉动城乡协同联动。

一是打好“体旅”融合特色牌。在全面统筹推进全民健身场地设施建设、实现市县体育场馆全覆盖的同时，依托省内知名自然旅游资源，如萍乡武功山、大余丫山、庐山西海等景点，因地制宜开展山林徒步、野外露营、丛林溯溪、山地攀岩、花样滑水、碧波冲浪等多样化的体育活动。坚持以体育产业“一县一品”战略为框架，以区域特色体育项目为主题，如玉山台球、定南足球、南康乒乓球、瑞昌羽毛球、会昌跳绳等，打造体育特色小镇，推进体旅融合。落实“体育赛事搭台、特色产品唱戏”的理念，结合当地特色产业，实现“体育 +”多业态高度融合，向外辐射形成体育赛事消费圈。

二是创新“文旅”融合底色牌。可以依托浓厚的红色革命文化和传统民俗文化“家底”，在江西省首批革命文物保护利用示范县——瑞金市、铜鼓县、井冈山市、于都县、安源区等地打造红色家园 IP，推动革命老区旅游高质量发展。在客家文化（赣南）生态保护实验区、徽州（婺源）文化生态保护区、景德镇陶瓷文化生态保护实验区以及吉安庐陵文化生态保护实验区等民俗文化地区布局打造特色文化 IP，利用舞狮、舞傩、武术、竞龙舟等民俗文化载体放大赣文化符号影响力，将南昌清音、九江岳家拳、青阳腔、赣南采茶戏等非遗文化表演融入全省范围内的重大活动中，实现民俗文化传承与社会效益、经济效益共赢。

江西省制造业数字化转型现状、堵点与建议*

张欣艳　李春根　谢璐华　阙刘汇敏　张淇舒

党的二十届三中全会明确提出，加快构建促进数字经济发展体制机制，完善促进数字产业化和产业数字化政策体系。现阶段，企业数字化转型作为推动传统产业升级和提升产业体系现代化水平的创新力量备受各省关注与重视。江西在数字基础设施建设存量方面与东部经济发达省份存在一定差距，西部贵州、甘肃、内蒙古、宁夏等省区也凭借优越的电力资源和自然条件建设了算力网络国家枢纽节点，所以为了防范“数字鸿沟”扩大，我省亟须加快制造业数字化转型，以推动产业结构升级，促进数字经济与实体经济的深度融合。

* 本报告获得中共江西省委书记尹弘的重要批示；本报告刊发于《江财智库报告》2024 年第 45 期（总第 385 期）。

一、江西省制造业数字化转型的实施现状

（一）以点带面的建设格局全面构建

我省立足顶层设计，按照“普查、分类诊断、出具方案、改造实施”的实施路径，制定了“数智化工厂”改造示范引领行动、产业链数字化能力提升行动以及产业集群数字化转型扩面行动三大行动方案，从企业的点上突破，到重点行业的线上协同，再到工业园区的产业集群面上扩展，实现了重点对象、关键行业、关键产业集群的数字赋能全覆盖。全省企业上云上平台数量达 43 万家，8300 多家企业启动数字化改造。

（二）重点行业数字化水平较为领先

依据我省《制造业企业数字化发展水平评价指南》地方标准来看，全省 38% 的规上制造业企业处于数字化转型阶段，21% 的企业处于较高层级的集成提升与创新领域阶段。省内重点打造的“1269”行业，产业数字化综合发展指数在 90 以上的有电子信息、有色金属以及装备制造三大行业；80—90 的有新能源、石化化工、钢铁、航空、食品、建材以及医药行业七大行业。以国家标准来看，截至 2024 年 9 月，我省获证企业 24 家，数量位居全国前三，特别是 2 星及以上获证企业占比高达 80%，同样涉及食品、纺织、建筑、电子设备、新能源等重点行业。

（三）数字化转型服务支撑体系初见成效

2024年4月22日，集政策服务、诊断服务等功能于一体的江西省制造业数字化转型综合服务平台上线运行，2个月内企业入驻2.03万家，其中规上企业1.66万家，服务商入驻217家。江西省制造业数字化转型线下体验中心完成项目选址和初步设计，预计年底开馆运营。截至2023年8月，培育认定省级数字化转型促进中心15家。此外，工业和信息化厅近期组织开展了全省范围内的数字化转型人才培训，从政府、企业两侧发力提升领导干部及企业负责人数字化思维和发展理念。

二、江西省制造业数字化转型面临的堵点

（一）产业集群数字化转型协同生态系统尚需完善

一是产业集群生态系统的数字化转型要素有待补齐。我省经过多年的累积与发展，传统产业集群生态系统所必需的金融机构、科研院所、配套型生产性服务企业等核心要素均已齐备。但数字经济背景下，传统产业集群优势下滑，现代集群生态发展迫切需要围绕数字化技术服务商、软件开发者、产业服务平台、工业互联网平台等数字化转型要素进行生态共建，通过数字技术实现研发、制造、流通、销售等内部资源的整合和外部专业资源的链接。以数字化技术服务商为例，江苏汇聚了近1000家“智改

数转”服务商，广东集聚了500余家数字化服务商，截至7月，我省数字化转型服务商为217家。再如，欣旺达反映在地方政府组织的路演活动中，数字化技术服务商仅能满足其他企业较低层次的转型需求，不能满足自身较高层次的智能化转型需求。

二是数据壁垒阻碍“链主”企业带动效应的有效发挥。以南昌新能源汽车及动力电池产业为例，欣旺达自身设定的数字化转型规划分为流程管理、数字化管理、网络化集成、智能化、产业链创新五个阶段，当前企业正处在第四阶段智能化深入推进中。欣旺达虽然在产业链创新方面与华为、理想等客户在交付供应和制程数据共享方面已有合作，初步实现了客户采购与销售、排产、交付等信息的实时联动，制造过程关键数据实时上传客户端等功能。但离终极目标产业链创新还存在差距，与国内同行业龙头企业相比在智能化应用的场景、模型和算法方面还待提升。在提升企业自身数字化转型的同时，江铃新能源与欣旺达如何有效实现数据融通，共同发挥链主作用，实现产业链数转智改升级，打造产业集群数字化转型协同生态系统是当前转型中的难点。同样，南昌海立也反映，数据壁垒成为产业集群数字化转型中的最大“绊脚石”。

（二）企业数字化转型内生动力不强

调研显示，虽国家和省内奖补政策在不同程度上起到了支持企业数字化转型的政策效果，但部分企业受国内外环境影响仍存在转型意愿不强的现状。

一是企业不想转。有企业认为转型在当前阶段不属于企业必要的升级活动而不想转；有企业不了解转型带来的明确收益而不想转。例如，杭萧钢构虽随着杭州总公司进行财务管理系统的升级改造，但由于生产线上转型成本较高，且受建筑行业总体环境下行影响，当前数字化转型意愿不强。

二是企业不敢转。今年以来江西进出口总额一直呈现下降趋势，不少民营企业无法确定未来竞争的着力点与新的发展契机。市场波动或是政策变化对部分企业运营也有较为明显的影响。例如，税收倒查的负面消息、《公平竞争审查条例》的实施。此外，受转型成本高影响也不敢转。动辄上百万的初始投入以及后续偏高的信息系统维护升级费，使得企业畏惧不前。例如，飞航通信数字化软件购置成本为 68.58 万元，后期每年维护费为合同金额的 10%。

三是企业不会转。有企业对数字化转型的具体政策不了解而不会转；有企业因数字化人才储备不足而不会转。例如，江西某装备有限公司反映，对数字化转型政策不够了解且缺乏专业服务机构的指导。

（三）数字化转型中对数据要素价值认识不足

一是企业与地方政府对数据要素价值存在认识盲区。“数据要素 × 工业制造”可以打通数据壁垒，真正实现产业集群数字化转型；“数据要素 × 金融服务”可以为企业数字化转型提供数据质押金融贷款。没有有效的数据资产管理，企业的数字化转型将难以深入和持久。调研中企业对如何应用手中掌握的第一手数据存在认识盲区。同样，地方政府对企业在数字化转型中获取到的海量数据价值认识也有不足，且缺乏必要的关注和引导。

二是我省数据资源入表推进工作相对迟缓。企业数据资源入表是数据要素价值最直接的体现，绝大多数企业表示，从未考虑将数据纳入资产负债表中。截至 2024 年 9 月，全国共计 132 家企业实现数据资源入表。我省共计 3 家企业入表，占比仅为 2%，分别是赣州首笔工业制造领域数据资产入表，抚州首例公共数据产品资产入表，上饶高铁经济试验区“自动驾驶”项目数据资产入表。与其他省份如山东（26 家）相比，我省重点行业民营企业数据资产入表推进工作还可增速。就行业数据而言，福建连江县智慧海洋项目成为全国首个县域海洋经济领域数据资产从确权评估到融资的全流程案例；武汉家家养的牛全渠道智能零售生态数据成为湖北省首个民营企业实现数据资产入表的实践案例等。

（四）数字化转型服务支撑体系有待完善

一是数字化转型服务商资源池建设不齐全。调研显示，除龙头企业反映与数字化服务商精准匹配度低之外，不少中小企业也同样表示，地方政府推荐的服务商较难满足转型需求。2023 年中小微企业数字化转型优秀服务商前 100 中，北京、广东、上海服务商位列前三，我省无一家本土服务商上榜。再如，某厨房用品有限公司虽具有强烈的转型意愿，但因资金与个性化需求等原因，历经数月后才通过自身人脉对接到匹配的服务商。

二是各类财政资金撬动数字化转型作用有限。省、市数字化转型奖补资金未能及时兑付到位，一定程度上影响企业数字化转型积极性；金融资金在政策窗口期内未能得到有效利用，融资难依然是部分企业转型的“拦路虎”。

三是数字化转型政策解读人员覆盖面窄。目前仅从事数字化转型相关工作的人员熟知各类政策，调动各方力量、运用各种资源、人人参与宣讲的氛围尚未形成，政策到达企业“最后一公里”的路径尚未打通。

四是数据安全风险成为企业上云的主要障碍。企业不仅担心生产数据、财务数据的泄露、同时也担心数据被竞争对手知悉，从而影响企业生产经营效益。例如，上饶兴南环保和康盛实业分别在 2021 年和 2022 年实施了数字化转型战略，但两家企业基于数据泄露风险以及市场竞争的考量，均没有将数据上云，仅存放在本地服务器，定期做数据隔离和异地存放处置。

三、我省制造业数字化转型的优化路径

（一）以顶层设计推进产业集群生态系统构建

一是建立产业集群数字化转型合作沟通机制。引导各市（县）联合现有集群生态系统内的各类机构，成立由分管领导、业务部门负责人、龙头企业数字化转型部门负责人、科研院所对外合作部门负责人、金融机构负责人等组成产业集群数字化转型工作组。合理界定各方职责，强化“链长”统筹抓总、“链主”引领带动和“链创”赋能升级作用。

二是优先引进或对接数字化生态企业。在各市（县）产业集群数字化转型工作组领导下，绘制重点产业集群的需求图谱和数

字化转型路线图，分行业分类梳理数字化转型高价值场景清单，为行业数字化转型提供差异化、专业化路径指导，并借此促成“以数招商”的产业集群要素引进。如南昌新能源汽车及动力电池产业集群，需要优先引进或对接现代物流供应链企业、跨行业的汽车零部件供应商、具备高性能计算、前瞻技术的科技互联网公司以及具备AI应用、算法和大数据方面的专业数字化能力服务商。

三是分类推动产业数字化转型。支持“1269”产业数字化综合发展指数在90以上的电子信息、装备制造等转型基础强、进度快的行业，加快基于AI、数字孪生、智能传感等前沿技术的智能化发展场景验证、模式创新。支持转型基础较强、进度较快的行业，加快业务全流程的集成融合、动态协同和一体化运行。支持转型基础弱、进度慢的行业，加快关键设备、关键工序数字化改造，推动设备、系统、业务云化迁移。

四是引导产业系统交易平台的运用。支持龙头企业牵头，在各自集群内打造集协同加工、供需对接、在线结算、物流承运等功能于一体的在线产业协同交易平台。逐步以数据为纽带串联整个产业链的上下游及配套企业，加深集群企业间的互信与了解，推动内循环业务增长。例如，某著名厨电企业依托美云智数建设供应链协同平台，与供应商打通和共享订单、库存、交期、物流等数据，提升交付准时率，实现了共享库存、品质迁移和全流程质量追溯。

（二）双重加力推动企业数字化转型

一是发挥政策叠加效应，探索“亩产论英雄”的数字化转型标准。习近平总书记近日对国家级经济技术开发区工作作出重要指示，要“打造体制机制改革创新的试验田”。因此建议，我省以国家级高新区、经开区为“先行军”，推广好吉安、宜春改革典型案例，加快我省工业企业“亩产效益”综合评价体系建设，并将数字化转型评估指标融入“亩产效益”综合评价中，从政策制定上激励企业开展数字化转型活动。引导各市（县）运用“以数招商”手段，从数字化转型需求考虑，科学设定企业入园区标准，合理转移和淘汰不适合继续留在本地发展的产业，推进产业结构优化和区域新质生产力布局。

二是重点打造非龙头示范企业，搭建利益共生模式。引导各市（县）以非龙头企业为选树目标，积极打造省级制造业数字化转型优秀案例，为其他企业数字化转型做出表率，有效发挥中小企业示范效应。同时，扭转思路，俯下身去，围绕当地企业的共性问题，借鉴中山东凤镇每周举办数字经济联盟交流活动经验，加大举办转型交流活动频次，搭建利益共生、价值共创的生态模式，从“不敢转”到抱团“一起转”。还要充分发挥好“媒介”作用，定期主动组织企业成团，前往江浙、广东等地，参观学习同行业数字化转型应用场景，将切身体验转化为转型动力。

（三）用好政策红利帮扶企业实现数据价值

一是重点园区重点行业先行先试。以南昌、赣州“数据基础设施建设”先行先试城市为契机，建议我省选取国家经济技术开发区中，数据基础较好的行业先行开展数据资源入表试点工作，以试点方式设计并实施适合我省数据资产实际的入表路径。并依托试点企业，探索建设省级数据标注基地，提炼出成功的经验做法和可复制的模式，为后续行业的推广工作提供经验借鉴。

二是建设企业数据资源入表的案例库。积极推进各部门、各单位设立企业数据资源入表的对接部门和对接岗位、建立相关案例开发和应用实践基地，聚焦省内重点产业链条、先进制造业集群，基于典型企业入表案例，及时将入表成功案例纳入库中，并实时关注兄弟省份数据资源入表情况，促进不同行业和领域之间的经验共享，从而避免在实际操作中走弯路，提高入表效率。

三是组建江西省数据资源生态联盟。建议省发改委牵头，联合财政厅、司法厅、评估机构、数据安全厂商、会计师事务所、科研院所等专业机构，组建我省数据资源生态联盟。借鉴山东等地的实践经验，通过研讨和现场调研，进一步规范与完善数据资源的成本归集与确认、经济利益分析和摊销方法选择等会计处理程序，形成统一的数据资源会计核算标准，以解决企业分歧。同时，依托数据资源生态联盟，重点围绕政策官宣、智库研究、标准制定、试点探索等领域开展工作，为我省构建健康、活跃、统一的数据要素市场贡献力量。

四是综合施策鼓励企业数据资源入表。采用政策扶持、资金奖补等激励措施，引导企业积极开展数据入表工作。例如，参照济南市《数据资产入表数据要素券发放活动实施细则》，对数据资源首次实现入表的企业，予以适度补贴，加快释放数据价值，支持制造业数字化转型。

（四）强化要素保障提升数字化转型帮扶效果

一是突出精准施策，全方位充实转型服务商资源池。聚焦产业集群和产业链，地方政府与链主企业形成合力，开展定向招商，共同赴省外引进技术领先、行业特色契合的大型数字化服务商，分行业分领域逐步充实和完善转型服务商资源池。聚焦中小企业，在积极培育本土服务商的同时，主动引进省外优秀中小转型服务商，尽快让我省企业接触和了解“小快轻准”数字化服务产品。例如，某企业联合打造的“咖啡智造”，为不少制造业中小企业数字化转型提供了解决方案。

二是突出政银企联动，着力满足数字化转型融资需求。督促各市（县）重点关注数字化转型中的融资问题，确保省市数字化转型奖补资金及时兑付到位。积极与地方金融机构沟通，紧抓政策窗口期，推动为期两年的地方银行数字化转型专项金融产品政策落地。借鉴广东模式，逐步将我省数字化转型财政资金奖补政策由支持龙头企业过渡到支持龙头企业和数字化转型服务商，并依据转型服务商服务企业的数量来进行相应的奖补。此外，省级层面研究出台信息系统或设备升级改造环节的再收费监管办法，让企业免除后顾之忧，更有信心投入数字化转型。

三是突出宣传引导，激发数字化转型的内生动力。鼓励各市（县）采用“人人是数据专员”的创新思路，打好宣传“组合拳”，提升政策知晓率。在政策宣贯会中要向企业清晰传导数字经济发展趋势和统一大市场的政策导向，引导企业正确认识数字化转型可能带来的投资风险，积极融入并加快推动实质性进展。要求各市（县）参照江西省人民政府微信公众号信息公开模式，将与企业最为相关的政策及时在各自公众号上进行发布，以最直接的方式实现政策找人。

四是突出保密功能，引导云服务商提升安全服务能力。在建设江西“数据二十三条”基础制度的同时，积极引导云服务商将网络安全视为业务的重要组成部分，提供定制化的安全解决方案，以满足不同企业的特定需求。提供持续的安全服务，包括但不限于定期的安全评估、安全更新、威胁情报分享、安全咨询等，并根据技术的发展不断推出新的安全产品和服务。同时，还应与政府、行业组织、研究机构及其他企业建立合作关系，共享资源，共同提升整个行业的安全水平。

构建自然资源资产大国储备体系江西担当与作为*

李洪义　李春根

国家储备是国家治理的重要物质基础。习近平总书记反复强调，我国是大国，必须具备同大国地位相符的国家储备实力和应急能力，要更好发挥战略储备和稳定市场功能；要优化关键物资生产能力布局，在关键物资保障方面要注重优化产能的区域布局，做到关键时刻拿得出、调得快、用得上；要完善应急物资储备品种、规模、结构，创新储备方式。《关于加快构建大国储备体系的意见》（中办发〔2024〕9号）（以下简称《意见》）要求：到2035年，国家储备高质量发展取得决定性进展，同我国大国地位相符的现代化国家储备体系基本建立；全面增加矿产品原材料储备，建立健全矿产地储备管理体系，完善多元储备体系与保障措施。江西省自然资源资产丰富，是中国主要的有色、稀有、稀土矿产基地之一，也是中国矿产资源配套程度较高的省份之一。如何充分发挥资源优势，在构建自然资源资产大国储备体系

* 本报告获得江西省人民政府副省长、党组成员万广明的重要批示；本报告刊发于《江财智库报告》2024年第34期（总第374期）。

中体现江西担当与作为，助力攻坚“有色金属、新能源”制造业重点产业链现代化建设“1269”行动计划，落实习近平总书记考察江西重要讲话精神开展积极探索具有重要意义。

一、构建自然资源资产大国储备体系江西基础与机遇

（一）自然资源丰富

江西拥有大山大江大湖，自然资源丰富。水资源丰富，全境10平方千米以上河流有3700多条，2平方千米以上湖泊有70余个。鄱阳湖湿地是中国第一大淡水湖生态湿地；森林覆盖率全国排名第二。已探明矿产资源种类达146种，离子型稀土、钨、锂矿储量均位列全国第一；储量居全国前三位的有铜、钨、银、钽、钪、铀、铷、铯、金、伴生硫、滑石、粉石英、硅灰石等。铜、钨、铀、钽、稀土、金、银被誉为江西的“七朵金花”，战略性矿产资源丰富，在承担该方面国家储备任务时具备先天优势。

（二）储备机构完备

我省已构建完备的省、市、县三级自然资源资产储备机构。江西省自然资源权益与储备保障中心负责省级全民所有土地、矿产等自然资源储备和处置等事务性工作职责。设区市、县两级土地储备机构，在过去三十年承担了地方国有建设用地的储备职能，增强政府对土地市场的调控能力发挥了重要作用。

（三）实践经验领先

2021 年 6 月，国家启动了全民所有自然资源资产所有权委托代理机制（以下简称“委托代理机制”）试点工作，依托资源优势，江西省、九江市列为全国第一批试点省份和城市。我省提出的“确权登记—赋予职责—全口径储备与整体赋能—整体评估—市场机制—绿色金融—分配机制—保护修复”“两山”双向转化路径，助力九江完成了全国第一笔全民所有自然资源资产组合供应，实现转化价值 28.73 亿元，为我国自然资源领域生态产品价值实现提供了可复制、可推广的“江西九江方案”。相关工作得到了自然资源部的高度认可，认为“江西九江方案”理通了思路、打通了路径、畅通了渠道，实现了资源高效配置、资产保值增值、资金循环使用、收益共享分配，具有与深圳“第一槌”同样重要的划时代意义。九江将土地、矿产、森林、草原、湿地、水等自然资源资产组合供应，推动了《自然资源部关于进一步做好用地用海要素保障的通知》（自然资发〔2023〕89 号）关于全国探索各门类自然资源资产组合供应文件的出台。目前，我省已完成全民所有自然资源资产组合供应 15 宗，出让总金额达 79 亿元。在实践基础上，省自然资源厅、发改委、财政厅、水利厅、农业农村厅、林业局联合下发了《关于探索开展自然资源资产组合供应的通知》（赣自然资函〔2024〕80 号），对组合供应流程、供应实施主体、设权赋能、起始价、供应方案等进行了明确与规范，全省正全面开展相关工作。上海、广东、浙江等兄弟省份均来我省学习自然资源资产组合供应领先经验。

（四）政策研究超前

当前，国家层面土地储备相关制度体系已较完备，但还未构建自然资源资产储备相关政策与制度。在委托代理机制试点前期实践基础上，九江市自然资源局先后与江西财经大学、中国国土勘测规划院、中国科学院、中国财政科学研究院、浙江大学、中央财经大学开展深度合作，充分借助专家学者“智囊团”力量，解决“两山”理论转化实践中的难点堵点问题，初步形成“1+1+7”的自然资源价值实现模式政策与制度技术，即：《九江市自然资源资产价值实现实施方案》1 个方案，自然资源资产配置规划研究 1 个规划，自然资源资产储备管理办法、设权赋能指引、评估技术规程、交易管理办法、供应收入管理办法、监管办法、保值增值考核办法等 7 个制度，破解自然资源资产价值实现缺乏政策制度支撑的难题。九江是国内首个较为全面开展自然资源资产价值转化政策研究的地级市，对于国家和省级储备政策与制度构建具有借鉴意义，具有超前性。

二、构建自然资源资产大国储备体系江西面临问题与挑战

（一）储备政策建设滞后，省级储备实质性工作进展缓慢

我国土地储备经过近 30 年发展，储备制度体系已较完备，

国家层面已于2018年修订印发《土地储备管理办法》《土地储备资金财务管理办法》，分别从土地储备机构、业务和资金管理方面对市、县土地储备工作作出了系统性规定，推动土地储备持续健康运行。虽然机构改革我省组建了省级储备机构，由于缺少配套政策与制度支持，省级储备实质性工作进展缓慢。然而，早在2012年和2021年，广西壮族自治区和海南省分别成立了省级土地储备中心，出台了省级土地储备管理办法，明确了省级土地储备范围，我省和兄弟省份构建的省、市、县三级联动的自然资源储备主体大格局还有差距。

习近平总书记2023年7月在全国生态环境保护大会上指出“要完善自然资源资产管理制度体系”。《意见》明确要求，各地区各部门要根据职责分工，完善工作推进机制，结合实际及时制定配套文件，确保各项政策举措、重点任务落地见效。然而，在自然资源资产储备领域，国家尚未出台相关政策文件，储备流程和储备资金管理等还有待规范。《意见》鼓励社会资本承担国家储备义务，但国家仅对社会资本参与土地储备有明确规定，对其他门类的自然资源资产储备还暂未做相关规定，急需在实践中立章建制。

更重要的是，按照委托代理机制试点工作精神，国务院授权自然资源部统一履行全民所有自然资源资产所有者职责，部分职责由自然资源部直接履行，部分职责由自然资源部委托省级、市地级政府代理履行，并建立了资产“清单”。为避免广泛分布于市、县，且列入省级资产“清单”的自然资源成为“沉睡资产”，急需出台省级储备制度，发挥省级储备机构的作用，合理保护利用好省级“清单”内自然资源，带动区域经济发展。

（二）储备客体类型单一，暂未开展战略性矿产资源储备

和全国兄弟省份一样，我省也仅对国有建设用地开展单一储备，矿产资源、水资源、森林资源等自然资源还未纳入储备体系。《意见》出台前，我省已出台《江西省省级矿产资源储备项目库管理暂行规定》（赣自然资办发〔2022〕28号），筛选了三批次共27个省级矿产资源储备项目入库；并于2024年出台了《江西省未利用矿产资源储备工作方案》（赣自然资办发〔2024〕9号），部署全面摸清全省未设置矿业权的矿产资源底数，并建立动态更新机制，为构建矿产资源调查—储备—赋能—供应全链条管理奠定基础。虽然我省矿产资源储备工作起步较早，但筛选的27个省级矿产资源储备入库项目，均未列入2023年国务院常委会研究、已征求意见的《中华人民共和国矿产资源法（修订草案）》首次提出的战略性矿产资源名录，即还未开展战略性矿产资源储备。另外，矿产资源储备目的是应急开发，开发需配套矿山开采区、生产加工区、办公生活区，则需对矿山周边的土地、森林资源等多门类自然资源进行整体储备，开展组合供应。

（三）储备资金缺口较大，筹资渠道和兄弟省份有差距

自然资源资产储备资金量需求大，特别是矿产品原材料和战略性矿产地储备资金占用周期长。《关于规范土地储备和资金管理等相关问题的通知》（财综〔2016〕4号）对土地储备做了明确规定，进行专户管理，主要来源于财政部门从已供应储备土地

产生的土地出让收入中安排给土地储备机构的征地和拆迁补偿费用、土地开发费用等储备土地过程中发生的相关费用；财政部门从国有土地收益基金中安排用于土地储备的资金；发行地方政府债券筹集的土地储备资金等五个来源。在地方政府财力有限的情况下，储备资金缺口较大，急需破解筹资渠道。

湖南省 2023 年第 11 次省政府常务会议审议通过，设立地质勘查基金，首期基金切块省级财政投入 1 亿元用于投向省内公益性地勘项目；并与 3 家省属国有企业组建湖南省湘鑫精石地质勘查基金合伙企业，发挥财政资金放大效应，引导社会资本投入战略性矿产资源开发领域。2024 年 4 月，新疆成立全国首只市场化矿产资源风险勘探基金，由自治区自然资源厅、财政厅牵头，组织自治区地质局、新疆地矿投资（集团）有限责任公司、新疆有色金属工业（集团）有限责任公司组建，总规模为 18.01 亿元。

当前，我省一方面还未明确储备资金来源。另一方面还未建立储备专户，筹资渠道和兄弟省份有差距。

三、构建自然资源资产大国储备体系的江西担当与对策

（一）建立政府主导，社会主体参与，省市县三级联动的储备格局

自然资源资产“清单”是行权履职的主要依据，是解决所有权人不到位、权责不清的重要举措。我省在委托代理机制试点工

作中已经完整地编制了省、市两级自然资源资产“清单”，明确了自然资源资产类型范围、履职主体和所有者职责，解决了“谁来管、管什么”的问题。建议省、市两级自然资源资产储备机构根据“清单”，各司其职，负责对应层级的自然资源资产储备。根据委托代理机制试点工作文件精神，全民所有自然资源资产所有权的代理主体仅委托到省和设区市人民政府两级，而现有所有自然资源都分布于县（区、市）域范围，为调动县（区、市）人民政府的积极性，建议省、市两级人民政府，授权县（区、市）人民政府开展“清单”内资源的储备与组合供应，明确各级政府收益分成比例。《意见》要求构建政府主导、社会共建、多元互补的国家储备体系，建议鼓励社会主体参与除土地（国家已有政策规定限制参与）以外的自然资源资产储备，最终构建政府主导，社会主体参与，省市县三级联动的储备格局。

（二）以组合供应为抓手，构建门类完整的储备客体体系

一方面，落实《意见》要求的矿产品原材料和战略性矿产地储备，建议借鉴抚州黎川“采矿权和土地使用权”的组合供应模式，解决战略性矿产开发利用需配套矿山开采区、生产加工区、办公生活区，对国有建设用地、森林等自然资源资产开发的需求，非常有必要开展多门类自然资源储备，实现组合供应竟得即开工。既提升了资源的开发效率，又优化了营商环境。

另一方面，我省在多门类自然资源资产组合供应方面走出了新路，当前经济背景下实施自然资源整体储备和组合供应是提高资源配置效率、破解地方财政困难的有力举措，社会主体对资源

组合供应的需求潜力巨大，迫切需要地方政府加强自然资源整体储备，加大推进自然资源组合供应力度。因此，非常有必要发挥资源优势，在资源门类方面将土地、矿产、森林、草原、湿地、水等自然资源开展整体储备，构建资源门类完整的自然资源资产储备客体体系，通过组合供应带动县域经济发展。

（三）构建财政资金为主，社会资本为补充的储备资金体系

自然资源资产储备资金量大，特别是矿产品原材料和战略性矿产地储备时间不确定，资金占用周期长，如何形成储备资金的可持续供给闭环，是储备工作急需思考的重要问题。因此，非常有必要构建与多元储备主体对应的储备资金筹措方式。

一方面，自然资源资产储备资金可参考土地储备资金筹措与管理。储备资金通过政府预算安排，实行专款专用。财政部门从自然资源资产组合供应收入中划出一定比例资金，建立国有自然资源资产收益基金，设置专户管理，用于自然资源资产储备。出台《江西省自然资源资产储备资金管理办法》，借鉴财政部、自然资源部关于土地储备资金收支财务管理的相关规定执行。

另一方面，学习兄弟省份，发挥市场主体，特别是发挥国有企业在自然资源储备中的作用，设立产业引导基金。鼓励社会资金参与自然资源资产储备，采取“自然资源资产组合供应 + 国有资产盘活”模式，解决储备资金不足的问题，最终构建财政资金为主，社会资本为补充的储备资金大格局。

（四）积极申请国家试点，完善自然资源资产储备管理制度

在全民所有自然资源资产所有权委托代理机制试点中，江西在自然资源资产组合供应方面“先立后破”，提出的新模式得到了国家部委政策文件支持。建议江西省积极向国家提出自然资源资产储备国家试点，借鉴委托代理机制试点经验，在自然资源资产储备实践中，出台《江西省自然资源资产储备管理办法》《江西省自然资源资产设权赋能指引》《江西省自然资源资产价格整体评估技术指引》《江西省自然资源资产生态修复奖励与损害赔偿管理办法》等政策与技术性文件，对自然资源资产储备主体，储备客体，储备计划，入库储备标准，资金管理，前期开发、评估与供应，管护责任等诸多方面开展深入研究，为自然资源资产国家储备体系构建提供“江西方案”。

全力抓好重大项目建设
书写高质量发展新答卷 *

李春根　潘炜

党的二十大报告指出："高质量发展是全面建设社会主义现代化国家的首要任务。"发展是第一要务，项目是第一载体。重大项目是推动高质量发展的"强引擎"，各级干部要把积极扩大有效投资，全力抓好项目建设当作稳经济、促增长的重中之重，书写高质量发展新答卷。

一、抓好抓实重大项目建设意义重大

（一）项目建设是牵动经济发展的"火车头"

经济发展离开项目就是空中楼阁、无源之水。无论是科技创新、产业发展、基础设施建设还是民生改善，都由一个个具体项

* 本文刊发于《江西日报》2023 年 7 月 23 日 10 版。

目构成。项目是资金、技术、人才等各种生产要素的聚合体，是推动经济发展的有力抓手，抓住了项目，就有投资、就有增长、就有发展。当前，江西正处在厚积薄发、爬坡过坎、转型升级的关键时期，需要加强项目建设，尤其是重大项目建设，做大总量与提升质量并重。要围绕先进制造、交通能源水利、物流环保民生、新型基础设施等领域认真谋划重大项目，通过政府有效投资和政策激励，深化要素市场化改革，有效带动扩大全社会投资，促进商贸消费提质扩容。

（二）项目建设是构建产业体系的“催化剂”

一个地方的发展，最终是落实在一个个具体的项目建设上。要聚焦我省主攻 12 条重点产业链和 6 个先进制造业集群，加大上下游配套项目的对接招引力度，大力实施产业链强链补链延链工程，瞄准电子信息、新能源、新材料、航空、生物医药等战略性新兴产业项目，推动有色、建材、钢铁等传统产业转型升级。

（三）项目建设是集聚创新资源的“强磁石”

应当主动对接参与国家实验室建设，稳妥推进省级科技创新平台重组，布局实施一批重大科技项目，建好用好中国科学院赣江创新研究院、中国工程科技发展战略江西研究院、中国中医科学院健康研究院等重大平台，引导企业扩大研发投入，鼓励骨干企业牵头组建科技创新联合体，推动“科技—产业—金融”良性循环，增强科技创新内生动力。

二、加快补齐重大项目建设的短板

当前我国经济发展仍面临诸多挑战，需求收缩、供给冲击、预期转弱三重压力仍然较大，外部环境动荡不安，给我国经济带来的影响加深，招商引资的难度也越来越大。只有认清目前重大项目建设存在的短板，有针对性地进行突破，才能全力抓好项目建设。

（一）项目为先的导向不够鲜明

要坚持项目为王，积极谋项目、上项目、建项目，把项目建设作为经济工作主抓手，凝聚抓项目、促发展的思想共识，集中人力、物力、财力、智力，切实把重点项目落地达效作为一项重大任务抓细、抓实、抓好，加快推动项目投产生效。

（二）项目准入的前提不够明确

要坚持把符合发展阶段、符合当地实际需要、符合资源禀赋条件、符合各类底线要求作为项目准入的基本前提，把有利于提升产业链供应链韧性和安全水平、有利于聚链成群、有利于产品升级、有利于吸纳就业、有利于联农带农作为项目选择的基本标准，着力抓好项目、大项目、新项目，不能“捡到篮子里就是菜”。

（三）项目服务的机制不够有效

对规划、审批、环评、土地、融资、用人等要素保障工作，各级政府要加强统筹，各职能部门要增强思想自觉、行动自觉，对号入座、主动作为。建立项目建设考评奖惩机制，重点关注投产达效，通过建账、理账、对账、交账、算账，做到目标亮相、考核亮牌、奖惩亮剑，充分释放项目企业的潜在生产力。

三、全力以赴加快重点项目推进

（一）在项目谋划上，要瞄准主攻方向凝心聚力

项目储备决定投资的增长和后劲，要对照“十四五”规划和2035年远景目标，在新基建、新产业、新技术、新业态等方面梳理、挖掘、谋划、生成一批重大项目，形成“储备一批、开工一批、建设一批”的梯次推进、滚动发展的项目建设新格局。一是要瞄准国家投资导向争项目。加强对国家政策导向的研究分析，聚焦国家产业政策导向、中央预算内投资方向、发行境内外企业债券和地方政府专项债重点支持领域等，速谋快动做好项目研究、筛选、包装、招引等工作。二是要着力提高招商质效引项目。扩大与粤港澳大湾区、长三角等重点区域合作，找准我省比较优势和重点地区产业的结合点，立足我省得天独厚的农业、文

旅及光电等资源优势，提高招商引资项目推介的针对性，增强项目引进的主动性，主动承接产业转移，实现互利共赢。三是要注重谋划布局龙头好项目。要围绕提升江西产业链供应链的稳定性和竞争力，瞄准世界500强企业、大型央企、民企以及在外赣商等，精准引进一批“单项冠军”企业、“小巨人”企业和专精特新项目，打通上下游、贯通产供销、带动大中小，构建安全可靠、自主可控的生产供应体系。

（二）在项目实施上，要围绕项目落地主动作为

从加强分类管理、强化担当作为、统筹发展与安全等方面着手，坚持真抓实干，把工作落实到行动中、体现在进度中，推动重点项目建设取得更大实效。一是注重分类管理。对拟开工的项目，要通过倒排工期、挂图作战等方式，争取项目早落地、早开工。对已竣工的项目，要密切跟踪协调，加快建立全方位、全天候、全链条的服务体系。对进度滞后的项目，不定时督查督办、奖优罚劣。二是强化担当作为。要把抓项目建设的实际成效作为检验干部作风的重要标准，强化考核结果运用，积极引导督促各级干部担当作为。三是统筹发展与安全。要结合地方的投资能力和财政承受能力，合理确定项目建设任务和项目建设清单，严防增加政府债务风险。要把安全生产摆在突出位置，狠抓施工安全，坚决守住不发生重特大安全事故的底线。要把好环境准入关，严防生态环境污染，护卫能耗安全，对高能耗、污染性项目要坚决砍掉。

（三）在项目服务上，要盯住要素保障攻坚克难

要始终秉持“围着企业转、盯着项目干”理念，主动靠前服务，全方位全周期服务项目建设，为项目建设创造良好条件。一是要做好精准帮扶。对重点建设项目要实行“一对一”全程跟踪服务，主动提供“店小二”“保姆式”服务。要深入推进降成本优环境专项行动，强化“政银企”对接，切实为企业、项目减轻负担，着力解决企业、项目融资难题。二是要优化审批服务。进一步深化“放管服”改革，用好“赣服通”“赣政通”平台，优化服务流程，对重点项目做到审批流程应减尽减、审批系统应联尽联、审批事项应合尽合，提高审批工作效率。要深化招投标管理体制改革，探索实行评定分离制度，规范项目招投标的标准和程序。三是要强化要素保障。充分发挥财政资金四两拨千斤作用，用好用活政府专项债券、产业引导基金等杠杆性工具以及市场化多元融资模式，不断拓宽项目资金筹措渠道。建立健全重大项目用工协调保障机制，在人才政策创新、联动和落实上下功夫，为项目用工提供充分的支持。

在“两个结合”中推进中国式现代化*

李春根　罗家为

中国式现代化是中国共产党领导人民坚持把马克思主义基本原理同中国具体实际相结合、同中华优秀传统文化相结合的重大成果，它扎根中国大地、传承中华文明、彰显中国特色，体现了我们党的宗旨使命，反映了社会主义的本质。在新的征程上，我们必须继续坚持做好“两个结合”的文章，不断谱写中国式现代化新篇章。

一、深刻理解“两个结合”的重大意义

“两个结合”是习近平新时代中国特色社会主义思想的重大原创性贡献，大大深化了我们对马克思主义中国化时代化的规律性认识，也是指导我们推进中国式现代化的理论基点。

---

* 本文刊发于《江西日报》2024年1月15日09版。

（一）在坚持“两个结合”中彰显中国式现代化的中国特色

党的二十大报告指出：“中国式现代化，是中国共产党领导的社会主义现代化，既有各国现代化的共同特征，更有基于自己国情的中国特色。”中国式现代化是基于中国国情的现代化，在与各国现代化的对比中，彰显出五个方面的中国特色：人口规模巨大的现代化、全体人民共同富裕的现代化、物质文明和精神文明相协调的现代化、人与自然和谐共生的现代化、走和平发展道路的现代化。中国式现代化是具有深厚传统文化根基的现代化。比如，“为政以德、任人唯贤”为实现人口规模巨大的现代化提供丰富的治理经验，“天下为公、民为邦本”为实现全体人民共同富裕的现代化提供深刻的思想支持，“革故鼎新、自强不息”为实现物质文明和精神文明相协调的现代化提供不竭的动力支撑，“天人合一、厚德载物”为实现人与自然和谐共生的现代化提供和谐的生存方式，“讲信修睦、亲仁善邻”为实现走和平发展道路的现代化提供融洽的模式借鉴。中国式现代化所蕴含的中国特色，既是对当前我国现代化建设具体实际的高度概括，也是把马克思主义基本原理同中国具体实际相结合、同中华优秀传统文化相结合的必然产物。

（二）在坚持“两个结合”中增强“四个自信”、凝聚精神力量

以中国式现代化全面推进中华民族伟大复兴，不仅需要物质

力量的支撑，也离不开精神力量的推动。只有坚持“两个结合”，才能不断赋予马克思主义鲜明的中国特色、民族特色、时代特色，开辟马克思主义中国化时代化新境界，才能实现中华优秀传统文化创造性转化和创新性发展，不断铸就中华文化新辉煌，为我们全面建设社会主义现代化国家提供源源不断的精神动力。可以说，“两个结合”筑牢了道路根基、打开了创新空间、巩固了文化主体性，有助于增强道路自信、理论自信、制度自信、文化自信，凝聚起中华儿女团结奋斗的磅礴力量。

（三）在坚持“两个结合”中创造人类文明新形态

当前，世界百年未有之大变局加速演进，国际力量对比呈现明显的“东升西降”态势，随着西方现代化愈发暴露出其固有的局限和危害，中国日益走近世界舞台中心，人类文明发展亟待来自中国智慧、中国方案的支持。中国共产党把马克思主义基本原理同中国具体实际相结合、同中华优秀传统文化相结合，不断推进理论创新、实践创新、制度创新、文化创新，领导人民成功走出中国式现代化道路，创造了人类文明新形态。中国式现代化是赓续古老文明的现代化，展现了不同于西方现代化模式的新图景，是一种全新的人类文明形态。正如习近平总书记所指出的：“中国式现代化蕴含的独特世界观、价值观、历史观、文明观、民主观、生态观等及其伟大实践，是对世界现代化理论和实践的重大创新。中国式现代化为广大发展中国家独立自主迈向现代化树立了典范，为其提供了全新选择。”

二、推进中国式现代化要做好“两个结合”文章

中国式现代化是“两个结合”的重大成果，“两个结合”是正确理解和大力推进中国式现代化的重要切入点和方法论。只有坚持做好“两个结合”文章，正确理解和大力推进中国式现代化，才能为强国建设、民族复兴提供坚强保证。

（一）必须始终加强党对中国式现代化的全面领导

党的二十大报告强调了中国式现代化的九条本质要求，第一条就是坚持中国共产党的领导。中国式现代化是中国共产党领导的社会主义现代化，党的领导决定了中国式现代化的根本方向、前途命运和最终成败。中国共产党是推动“两个结合”的核心力量。因此，在“两个结合”中推进中国式现代化，必须坚持和完善党的领导制度体系，把党的领导落实到中国式现代化各领域各方面各环节；必须深入推进党的自我革命，永葆党的先进性和纯洁性，毫不动摇把党建设得更加坚强有力，增强以党的自我革命引领伟大社会革命的政治自觉。

（二）必须坚持把马克思主义基本原理同中国具体实际相结合

历史唯物主义认为，理论和实践是具体的历史的统一，理论的形成离不开所处的历史条件及其实践基础。马克思主义是随着

历史变迁和时代发展不断变化和发展的理论。正因如此，把马克思主义基本原理同中国具体实际相结合，才能既守好中国式现代化的本和源、根和魂，又积极回应重大现实问题，破解前进道路上的新难题。具体而言，要学懂弄通悟透习近平新时代中国特色社会主义思想，全面理解和掌握这一重要思想的科学体系和精髓要义，坚持读原著、学原文、悟原理，不断提高理论素养。要坚持解放思想、实事求是，充分利用调查研究的工作方法，全面、客观、深入把握新时代的中国具体实际，深刻理解中国之问、世界之问、人民之问、时代之问的内在逻辑。要坚持守正创新，以科学的态度对待科学、以真理的精神追求真理，坚持马克思主义基本原理不动摇，坚持中国式现代化的本质要求不动摇，同时，准确把握中国式现代化的历史方位，坚持问题导向、顺应实践发展，不断推进实践基础上的理论创新，不断拓展马克思主义理论的广度和深度，以新的理论创新指导中国式现代化新的实践之变。

（三）必须坚持把马克思主义基本原理同中华优秀传统文化相结合

纵观世界文明史，中华文明是唯一绵延至今、从未中断湮没的文明形态。正如习近平总书记所指出的："如果不从源远流长的历史连续性来认识中国，就不可能理解古代中国，也不可能理解现代中国，更不可能理解未来中国。"中华文明的连续性，从根本上决定了中华民族必然走自己的路。坚持把马克思主义基本原理同中华优秀传统文化相结合，是我们党对马克思主义中国化时代化历史经验的深刻总结，是对中华文明发展规律的深刻把握。正因如此，只有坚定历史自信和文化自信，坚持古为今用、推陈出新，运用马克思主义立场观点方法推动中华优秀传统文化在现代化实践中创造性转化、创新性发展，中国式现代化道路才会越走越宽。具体而言，要深入推进中华文明探源工程，加强历史古籍和传统文化研究，不断丰富和拓展中华优秀传统文化的内涵。要将中华优秀传统文化融入社会主义意识形态、融入社会主义核心价值观，融入公民道德建设工程，融入文化事业和文化产业，不断增强中华文明的传播力和影响力。要深入研究和阐释马克思主义和中华优秀传统文化的契合融通之处，既要用马克思主义科学理论激活中华优秀传统文化，让中华优秀传统文化焕发出新的时代光彩，也要用中华优秀传统文化丰富和发展马克思主义，不断开辟马克思主义中国化时代化新境界。

统筹教育科技人才工作 *

李春根　阮艳平

习近平总书记指出："教育、科技、人才是全面建设社会主义现代化国家的基础性、战略性支撑。必须坚持科技是第一生产力、人才是第一资源、创新是第一动力，深入实施科教兴国战略、人才强国战略、创新驱动发展战略，开辟发展新领域新赛道，不断塑造发展新动能新优势。"这是对教育、科技、人才一体化推进的重大理论和实践问题的规律性认识，阐释了三者的内在逻辑，为新时代新征程加快建设教育强国、科技强国、人才强国指明了奋斗方向、提供了行动纲领。习近平总书记指出，"创新是社会进步的灵魂，创业是推动经济社会发展、改善民生的重要途径"，"激发调动全社会创新创业活力"。当前，世界百年变局加速演进，一方面，新一轮科技革命和产业变革快速发展；另一方面，经济全球化遭遇逆流、保护主义上升。在这一时代背景下，国家、社会对创新创业人才的需求愈发强烈。统筹推进教育、科技、人才工作，走出一条新时代创新创业人才培养的新

* 本文刊发于《光明日报》2024 年 5 月 8 日 06 版。

路，是时代之需、发展之需。

一、深刻把握教育、科技、人才三者之间的内在逻辑

全面建设社会主义现代化国家，教育是基础，科技是关键，人才是根本。党的二十大报告首次将教育、科技、人才合为一个部分作出谋划部署，对三者关系进行了集中阐释与科学定位。这充分体现了我们党对教育、科技、人才的高度重视，既强调教育、科技、人才的基础性、战略性支撑作用，又指出三者之间具有不可割裂的内在关联性，必须加强循环互促、衔接互补、系统集成，共同塑造发展的新动能新优势。

（一）坚持教育优先发展，为科技创新与人才发展提供坚实基础

教育是民族振兴、社会进步的重要基石，对增强中华民族创新创造活力、实现中华民族伟大复兴具有决定性意义。党的二十大报告对教育事业发展作出重大战略部署，为我国教育发展进一步指明了奋进方向，提供了根本遵循。教育培养人才，人才推动科技，科技的进步和人才的成长都需要通过教育提供基础性、前沿性保障，离开了教育发展，科技进步和人才成长便成为无本之木。坚持教育优先发展才能突破关键核心技术难题，推进我国科技自立自强，才能培养德智体美劳全面发展的社会主义建设者和接班人。教育优先发展，就要坚持立德树人根本任务，以人民为

中心发展教育，加快建设高质量的教育体系。

（二）坚持科技自立自强，为教育事业和人才培养提供动力源泉

党的二十大报告提出，到2035年基本实现社会主义现代化，人均国内生产总值“达到中等发达国家水平”。实现这一目标，必须走科技创新之路，切实提升自主创新能力、推动高新技术产业发展、增强核心竞争力。科技的进步与创新一方面需要教育和人才的支撑，另一方面又推动和反哺教育发展和人才成长，成为教育与人才发展的动力之源和用武之地。科技进步为教育提供了更多的创新手段、工具和内容，并发挥着科研育人重要作用；科技为人才培养提供更多实践机会和平台，支撑人才队伍的成长与进步。

（三）坚持人才引领驱动，为教育发展和科技创新提供主体支撑

“人才引领驱动”体现了人才在强国战略中的地位，阐明了人才作为第一资源的重要作用。人才在以中国式现代化全面推进强国建设、民族复兴伟业中具有十分重要的作用，战略人才是支撑我国高水平科技自立自强的重要力量。人才在教育发展和科技发展中扮演主体性角色，从人才和教育的关系来看，教育在培养国家和社会发展所需人才的同时，也需要更多优秀人才加入，推动教育发展，建成世界一流的高质量教育体系；从人才和科技的

关系来看，任何科技创新活动都必须由人来实现，人才水平决定着科技创新的高度，创新驱动的核心是人才引领驱动。可见，教育发展需要以人才为基础，科技创新离不开人才的实践。

二、教育、科技、人才一体发展为培养创新创业人才提供有力支撑

教育、科技、人才一体发展是培养新时代创新创业人才的关键路径。创新创业人才培养是一个系统工程。在我国，创新创业教育是深化高等教育教学改革、提高人才培养质量、促进大学生全面发展的重要途径，是促进高校毕业生充分就业的重要措施。目前，我国创新创业人才培养主要依靠教育领域，与创新型国家对人才的要求相比，与国外高水平大学相比，我们所培养人才的创新意识、创业精神和实践能力亟待加强，培养的拔尖创新人才数量不足。踏上全面建设社会主义现代化国家、向第二个百年奋斗目标进军的新征程，我们比历史上任何时期都更加接近实现中华民族伟大复兴的宏伟目标，也比历史上任何时期都更加渴求人才。应强化人才驱动，锚定战略性新兴产业、未来产业发展所需，构建高水平的创新创业人才培养体系。党的二十大报告创造性地把教育、科技、人才一体部署，为新时代创新创业人才培养进一步指明了路径方向，这就要求我们在注重发挥教育作用的同时，加强科技与人才的赋能，实现多重力量、多维角度一体化协同推进创新创业人才培养。

（一）打造高质量教育体系

教育具有基础性、先导性、全局性地位和作用，是人类社会发展的基础和关键，也是新时代创新创业人才培养的基础和关键。在宏观架构上，坚持面向国家重大战略需求和经济社会发展需要，瞄准科技前沿和关键领域，聚焦发展中面临的热点、难点、痛点问题，发展新兴领域，谋划新的增长点，努力构建具有中国特色的高质量教育体系，为创新创业人才培养提供战略性指引。在微观设计上，引入创新创业教育课程，开设市场调研、商业模式设计等创新创业教育课程，培养学生的创新思维和实践能力；与企业、创业孵化器等合作，提供实践机会，锻炼学生的创新能力和实践技巧；组织各类创新创业竞赛，提供资金、资源和咨询支持，激发学生的创新潜力和竞争意识。

（二）实现高水平科技创新

党的二十大报告提出："坚持面向世界科技前沿、面向经济主战场、面向国家重大需求、面向人民生命健康，加快实现高水平科技自立自强。"历史证明，谁站在科技创新前沿和制高点，谁就走在现代化发展前列。科技创新与创新创业人才培养相互影响、相互促进。一方面，高水平科技创新依赖人才驱动，特别是创新创业型人才；另一方面，科技创新赋能创新创业人才培养，大数据、云计算、人工智能等各种创新工具和平台，为创新研究和实践提供必要技术手段。科技促进不同领域之间的知识交流和技术融合，激发出更多的创新思路和机会；虚拟现实、增强现实等技术可以模拟真实的创业环境，让人才在虚拟场景中进行实践和演练，提升创新实践能力。应将学术前沿、国家关键领域技术以及企业行业研发的最新成果，作为课堂教学、教材和创新创业课题的重要内容，开展有组织的教学，培养创新创业意识。

（三）建设高层次人才队伍

习近平总书记强调：“发挥高校特别是‘双一流’高校基础研究人才培养主力军作用，加强国家急需高层次人才培养，源源不断地造就规模宏大的基础研究后备力量。”高层次人才通过榜样示范、导师指导、资源支持、行业合作和市场导向等方面的贡献，为学生提供宝贵的机会和支持，帮助学生成长为具备创新思维、实践能力和行动力的优秀创新创业人才。建设高层次人才队伍应坚持引育留并举，帮助优秀人才落地生根、开花结果。通过薪资待遇、个人发展、项目平台等方面优势，聚集一批战略科技人才、一流科技领军人才，推动我国逐步建成世界重要人才中心，形成吸引、汇聚、用好全球人才的崭新局面，为创新创业厚植人才土壤。

深化生态文明体制改革助推中国式现代化 *

李春根 沈鑫

党的二十届三中全会审议通过的《中共中央关于进一步全面深化改革、推进中国式现代化的决定》（以下简称《决定》）提出："必须完善生态文明制度体系，协同推进降碳、减污、扩绿、增长，积极应对气候变化，加快完善落实绿水青山就是金山银山理念的体制机制。"我们要深入学习领会习近平生态文明思想，以《决定》对生态文明建设作出的新擘画为基本纲领，从总体上把握深化生态文明体制改革与推进中国式现代化的内在关系，以高品质生态环境支撑高质量发展，谱写新时代生态文明建设新篇章。

* 本文刊发于《江西日报》2024年8月19日09版。

一、深刻认识深化生态文明体制改革的重大意义

（一）践行习近平生态文明思想的内在要求

习近平生态文明思想深刻回答了为什么建设生态文明、建设什么样的生态文明、怎样建设生态文明的重大理论和实践问题，为深化生态文明体制改革提供了根本遵循。《决定》站在新的历史起点，强调要完善生态文明制度体系，是对习近平生态文明思想内在要求的具体落实，为加快推进人与自然和谐共生的现代化指明了实践路径。

（二）推进中国式现代化的必然要求

进入新时代以来，我国生态文明体制改革取得了众多历史性成就，生态文明建设的理念和战略更加明确，目标和任务更加清晰，制度和体制更加完善，组织和实施更加有效。当前，面对严峻复杂的生态环境保护形势，面对人民群众日益增长的优美生态环境需要，面对全球气候变化的严峻挑战，迫切需要深化生态文明体制改革，不断推动我国生态文明建设取得更大成就，让人民群众在绿水青山中享受更高品质的生活。

二、深入理解深化生态文明体制改革的科学内涵

（一）健全生态文明制度

构建系统完整的生态文明制度体系是深化生态文明体制改革的重要内容。当前，我国生态环境保护中存在的突出问题大都与制度的不健全、不完备有关。构建系统完整的生态文明制度要以建立生态环境保护制度、资源高效利用制度、生态保护和修复制度、生态环境保护责任制度为基本方向，以全面覆盖、精准实施、权责统一、产权清晰为基本要求。具体来看，要科学谋划生态环境管理、监测以及评价制度，建立健全对领导干部的责任考核监督制度，建立健全国土空间开发保护制度和自然资源有偿使用制度，统筹推进自然资源资产产权制度改革，编纂生态环境法典，不断健全完善生态文明制度的“四梁八柱”，让生态文明建设始终走在制度化、法治化轨道上。

（二）构建生态治理体系

深化生态文明体制改革必须着力构建党委领导、多方共治、市场导向、依法治理的生态治理体系。在源头预防上，要加快推动出台中央和国家机关相关部门生态环境保护责任清单，构建环境信用监管体系，完善生态环境治理市场体系和法律法规政策体系。在过程控制上，要构建全过程全方位污染防治体系，完善以

国家公园为主体、自然保护区为基础、各类自然公园为补充的自然保护地体系，健全山水林田湖草沙一体化治理体系，加强对各类自然资源的保护修复工作。在后果问责上，要推进生态环境治理责任体系建设，建立领导干部任期生态文明建设责任制，完善节能减排目标责任考核及问责制度，明责、履责、述责、考责、问责多环节全面推动。

（三）完善生态文明机制

完善生态文明领域统筹协调机制首要的是健全党委领导、政府主导、企业主体、社会组织和公众共同参与的组织机制，重点是落实生态文明政策制定与实施机制，关键是要健全绿色低碳发展机制。要把财税金融支撑机制、能源绿色低碳转型机制、国土空间开发保护机制、污染治理机制、生态产品价值实现机制、绿色消费激励机制、生态保护修复补偿机制、碳排放双控机制作为改革工作的重要抓手，以系统完整、多元参与、激励约束并重的总要求不断推动生态文明体制改革走向深处。

三、准确把握以深化生态文明体制改革助推中国式现代化的实践要求

（一）持续提高生态环境治理效能

提高生态环境治理效能是推动生态环境治理能力现代化的基

本方面。要以科技为手段、法治为保障、人才为支撑，充分发挥制度优势提升生态环境治理效能。要持续加强环境科学研究、环境技术开发，扩大管理支撑的队伍规模，提升其能力水平。要强化对污染防治、废物减量和生态环境领域新技术、新材料、新工艺的推广应用。要加大对生态环保人才队伍建设的政策支持力度，重点提升领导干部人才队伍的环保业务水平，持续加强关键领域、急需紧缺专业、基层和边远地区环保人才队伍建设。要把市县两级生态环境治理能力的提升摆在优先位置，增强市县两级生态环境行政主管部门及其监测监察队伍的人员规模、装备水平和专业化能力。要加大对生态环境监测网络、生态环境监测技术以及生态环境重点实验室的建设，提升环境治理基础能力。

（二）加快推动绿色低碳循环发展

面对深化生态文明体制改革的新要求，各地区、各行业、各企业要顺势而为推进降碳、减污、扩绿、增长。例如，在制造业领域积极开展绿色供应链试点，依法在高碳排放行业实施强制性清洁生产审核；发展生态种植、生态养殖，开展农药、兽药减量行动；一体化推进农林牧渔业循环经济体系建设；重点加快信息、会展、汽修、装修、酒店餐饮等服务行业的绿色低碳循环转型；深化绿色金融服务模式；大力推广绿色低碳交通工具，打造绿色物流；实施垃圾分类回收与再生资源回收技术攻关行动，线上线下结合发展二手商品交易市场；等等。

（三）开展生态文明建设全民行动

生态文明是人民群众共同参与、共同建设、共同享有的事业，每一个人都是生态环境的保护者、建设者、受益者。要培育弘扬生态文化，加强习近平生态文明思想的研究宣传阐释，挖掘中华优秀传统文化中的生态思想资源，充分利用现有文化设施宣传生态文明建设生动实践，推出群众喜闻乐见的短视频、微电影、漫画读物等生态文化作品。引导全民增强生态自觉，持续推进“光盘行动”“垃圾分类行动”，深入开展“美丽中国，我是行动者”系列活动；引导全民优先购买使用节能节水器具，减少一次性物品使用，积极倡导绿色饮食、绿色着装、绿色起居、绿色交通，让绿色低碳环保的生活方式成为全社会的共同行动。

构建高水平社会主义市场经济体制需要把握好几个关系*

李春根

党的二十届三中全会提出“高水平社会主义市场经济体制是中国式现代化的重要保障”这一重大论断，确定了到2035年全面建成高水平社会主义市场经济体制的战略目标，进一步深化了对社会主义市场经济规律的认识，对经济体制改革重点领域和关键环节作出部署。这是在“十四五”规划和党的二十大报告提出“构建高水平社会主义市场经济体制”基础之上，对建成高水平社会主义市场经济体制作出的总体规划和战略部署。

习近平总书记指出，“提出建立社会主义市场经济体制的改革目标，这是我们党在建设中国特色社会主义进程中的一个重大理论和实践创新”。改革开放以来，中国共产党创造性提出在社会主义条件下发展市场经济，建立并完善了社会主义市场经济体制，带领中国人民取得了举世瞩目的发展奇迹。在进一步全面深化改革过程中，处理好“有效市场”与“有为政府”“顶层设计”

* 本文刊发于《光明日报》2025年1月7日06版。

与“实践探索”“高质量发展”与“高水平安全”的关系，将有力推动构建高水平社会主义市场经济体制，为到21世纪中叶全面建成社会主义现代化强国奠定坚实基础。

一、正确处理好政府和市场的关系

经济体制改革是全面深化改革的重点，核心问题是处理好政府和市场的关系。党的十一届三中全会以来，我们党在推进经济体制改革和实行改革开放过程中，不断深化对政府与市场关系的认知。党的二十届三中全会把构建高水平社会主义市场经济体制摆在突出位置，强调“充分发挥市场在资源配置中的决定性作用”，“必须更好发挥市场机制作用”。社会主义市场经济能够把社会主义制度的优越性和市场经济的长处结合起来，把发挥市场在资源配置中的决定性作用和更好发挥政府作用有机结合起来，从而形成更大合力。政府拥有强大的资源整合能力和社会管理职能，能够在宏观调控、公共服务、社会公平等方面发挥关键作用；市场以其高效的信息传递和资源配置功能，在激发企业活力、促进技术创新、增加经济效益等方面发挥重要作用。

市场决定资源配置是市场经济的一般规律，市场经济本质上就是市场决定资源配置的经济，也是发展生产力最为有效的途径。然而，市场并非无所不能，若一味放任市场配置资源、追求效率，将会导致有效需求不足、分配不公平、信息不对称等问题，加剧社会两极分化和贫富差距。这就需要政府进行科学的宏观调控，通过财税、金融、行政和法律等手段，破除阻碍要素在区域间、在不同行业领域自由流动的壁垒，保障不同行业、不同领域的各类经营者的平等权利，确保各自依法享有平等使用生产要素的机会，维护市场秩序、矫正市场失灵。然而，政府过度干预又可能会抑制市场的创新和效率，只有合理界定政府与市场的责任边界、合理划分二者的职责范围，充分发挥政府和市场各自的优势和长处，才能达到“1+1>2”的效果。因此，应尊重市场规律，确保市场经济既“放得活”又“管得住”，避免政府过度干预市场机制，减少微观管理事务和具体审批事项，最大限度减少政府对市场资源的直接配置，最大限度减少政府对市场活动的直接干预。对于市场无法有效解决的问题，如公共安全、环境保护、收入再分配等，政府必须及时采取措施，进行适度的管理和调控，保障市场公平竞争，促进经济健康发展。在构建高水平社会主义市场经济体制的进程中，必须准确把握市场与政府的关系，认识到市场作用和政府作用相辅相成、有机统一，充分发挥政府在战略规划、政策制定方面的重要作用，同时尊重市场规律、释放市场主体活力，从而确保市场与政府功能得以充分发挥，形成更大合力。

二、坚持顶层设计与实践探索相结合

全面建成高水平社会主义市场经济体制是一项复杂且长期的系统工程。实现这一目标需要统筹全局、科学谋划，既做好顶层设计和整体规划，确保改革方向坚定不移、路径明确可行，保障国民经济循环顺畅无阻，又注重实践探索与基层创造，激发全社会的内生动力和创新活力，推动经济社会全面进步。

社会主义市场经济是一项前无古人的伟大事业，缺乏现成的模式和经验可供参照。几十年的改革实践已深刻表明摸着石头过河和加强顶层设计是辩证统一的，将顶层设计与实践探索有机结合，既是我国改革开放、经济社会发展的一条重要经验，又是解决发展瓶颈、推动制度创新的一种重要思维模式。当前，我国经济体制改革进入攻坚期和深水区，新问题不断涌现，新挑战接踵而至。为有效应对这些前所未有的难题，我们要着眼长远完善顶层设计，聚焦制约经济高质量发展的突出问题和关键环节，毫不动摇坚持党的全面领导，坚定维护党中央权威和集中统一领导，充分发挥党总揽全局、协调各方的领导核心作用，把党的领导贯穿改革各方面全过程，明确经济体制改革的目标导向、问题导向、效果导向，以促进改革串点成线，以线促面，点面结合。围绕产业链部署创新链，构建大企业带动、中小企业协同的创新生态，突出各领域重点改革任务，充分发挥超大规模市场优势，加快改革和结构调整，畅通国民经济的生产、分配、流通、消费，释放内需潜力，深化国资国企改革，优化国有经济布局，调整经济结构，充分发挥国有企业和国有资本在能源、资源、资金等方面的优势，推动国有资本向关系国家安全、国民经济命脉的重要行业和关键领域集中。激励引导社会资金流向新兴产业，科学布局前瞻性战略性的大数据、云计算、人工智能等产业，以科技创新推动产业创新，建立高标准市场体系，以完善的社会主义市场经济体制推动新质生产力的发展，以加快发展新质生产力为经济体制改革提供动力。同时也要看到，完善顶层设计，离不开实践探索。这就需要尊重人民首创精神，善于发挥亿万人民的创造伟力，大力提升自主创新能力，尽快突破关键核心技术；倡导集思广益、群策群力，深入破除市场准入壁垒，支持有能力的民营企业牵头承担国家重大技术攻关任务，向民营企业进一步开放国家重大科研基础设施；秉持“先试验、后总结、再推广”的发展步骤，勇于在实践中探索创新，寻求解决新矛盾新问题的有效策略，努力创造可复制、可推广的鲜活经验，促进顶层设计与实践探索良性互动、相得益彰。

三、实现高质量发展和高水平安全良性互动

高质量发展是全面建设社会主义现代化国家的首要任务，也是我国经济发展进入新阶段提出的根本要求。在构建高水平社会主义市场经济体制过程中，发展和安全犹如车之两轮、鸟之两翼，相互促进、缺一不可。必须全面贯彻总体国家安全观，坚持高质量发展和高水平安全良性互动，以高质量发展促进高水平安全，以高水平安全保障高质量发展。

当前和今后一个时期，我国经济发展仍然处于重要战略机遇期，但机遇和挑战都有新的发展变化。我国经济已由高速增长阶段转向高质量发展阶段，经济的高质量发展并非仅指物质指标的增长，而是一种全面、综合的发展模式，必须以创新、协调、绿色、开放、共享的内在统一来把握发展、衡量发展、推动发展。面对我国经济运行中的短期问题、周期性因素和长期结构性矛盾，关键是要解决社会主义市场经济中的均衡性、整体性问题，

毫不动摇巩固和发展公有制经济，毫不动摇鼓励、支持、引导非公有制经济发展，着力发展实体经济，通过持续强化优势、弥补短板，为非公有制经济发展营造良好环境。着眼于解决制约高质量发展的结构性矛盾、体制机制障碍，推动生产关系和生产力、上层建筑和经济基础、国家治理和社会发展更好相适应，兼顾经济发达地区和欠发达地区、城乡、东中西部的经济发展，统筹各地重点发展领域，形成优势互补、更高层次、更高质量的区域经济布局，构建全国统一大市场，畅通要素合理流动，做到全国一盘棋。提升产业链供应链现代化水平，大力推进传统产业改造升级，实现经济转型升级和提质增效。

在经济发展过程中，要坚持大安全理念，高度警惕“黑天鹅”事件，切实防范“灰犀牛”事件。坚持以促进社会公平正义、增进人民福祉为出发点和落脚点，紧密关注并致力于满足人民日益增长的美好生活需要，努力提升人民生活水平。自觉践行法治原则，在法治框架内规范改革，进一步深化产权制度的改革与完善，构建一个高效、全面、系统的知识产权综合管理体制，确保各种所有制经济的产权得到持久且平等的法律保护；加强企业合规建设和廉洁风险防控，建立完善的内部管理制度，确保所有经营活动都符合法律法规和行业规范，权力不被滥用、资源不被浪费。压实企业主体责任、部门监管责任、地方属地责任，提升处置效能，坚决守住不发生系统性风险的底线，加强事中事后监管，规范涉民营企业行政检查，明确检查的范围、方式和频率，确保检查的公正性和有效性，使企业始终在合规的轨道上运行，确保企业健康有序发展；规范地方招商引资法规制度，严禁违法违规给予政策优惠行为，确保财政支出的合理性和有效性，防范地方保护主义、市场垄断和不正当竞争等问题，鼓励“向上竞争”、综合整治“内卷式”竞争，促进市场竞争的公平性和透明性，创造更加公平、更有活力的市场环境。

后 记

赣鄱大地，自古便是物华天宝、人杰地灵之地。进入新时代，江西作为中部崛起战略支点、革命老区高质量发展高地，既承载着“作示范、勇争先、善作为”的殷殷嘱托，也面临着传统产业转型阵痛、数字产业竞相追逐、开放能级亟待提升、民生福祉均衡发展等现实挑战。

《中国式现代化进程中的江西经济社会发展——怎么看？怎么干？》一书从选题到成稿，凝聚了本人和研究团队对江西这片红土地的热爱与思考。我们以问题为导向，立足江西实际，从多领域、多维度剖析了江西在经济发展、社会治理、产业转型、民生保障等方面的机遇与挑战，提出了自己的思考和拙见。先后获得研究阐释党的十九大精神国家社科基金重大专项课题《全面建成小康社会的进度监测与政策优化研究》（项目编号：18VSJ016）、江西省社科基金“研究阐释党的十九届六中全会精神”重点专项课题《全面建设社会主义现代化国家江西篇章的时代意蕴与实现路径研究》（项目编号：22ZXQH06）、教育部哲学社会科学研究专项（党的二十大精神研究）《中国式现代化的历史逻辑、理论逻辑、实践逻辑研究》（项目批准号：23JD20027）

的立项资助并圆满结题，在江财《智库报告》、省社联《智库成果专报》、省委党校《领导论坛》等刊发多篇研究报告和理论文章，并获得数十位省部级以上领导的重要批示。值此蛇年新春之际，我们从中精选24篇具有代表性的重要成果结集付梓，为书写中国式现代化江西篇章奉献智慧力量。

在此书出版之际，我们既感欣慰，又深知责任重大——江西的全面现代化之路仍需上下求索、奋力拼搏，而本书的探索，或可成为这场征途中的一束微光。在此，感谢江西省各级党委、政府部门、相关企业、院校以及行业协会在调研中给予的便利与指导，让本书的思考能始终扎根于赣鄱大地，而非停留于理论空谈。也感谢江西财经大学博士研究生沈鑫的整理校稿工作。

最后需要说明的是，本书的写作虽力求严谨，但受限于主观能力与客观条件，部分观点或需在实践中进一步检验。我们期待读者能对书中的不足提出批评，更期待书中的建议建言能转化为推动全省高质量发展的具体行动。

愿本书成为一块引玉之砖，唤起更多人对江西未来的思考与行动。

李春根

2025年蛇年立春于南昌